Philipp Frucht, Philipp Frucht

Metrisches und Sprachliches zu Cynewulfs Elene, Juliana und Crist

Auf Grund der von Sievers Beitr. X 209-314, 451-545 und von Luick Beitr. XI

470-492 veröffentlichten Aufsätze

Philipp Frucht, Philipp Frucht

Metrisches und Sprachliches zu Cynewulfs Elene, Juliana und Crist
*Auf Grund der von Sievers Beitr. X 209-314, 451-545 und von Luick Beitr. XI 470-492
veröffentlichten Aufsätze*

ISBN/EAN: 9783743604469

Hergestellt in Europa, USA, Kanada, Australien, Japan

Cover: Foto ©Thomas Meinert / pixelio.de

Manufactured and distributed by brebook publishing software
(www.brebook.com)

Philipp Frucht, Philipp Frucht

Metrisches und Sprachliches zu Cynewulfs Elene, Juliana und Crist

Metrisches und Sprachliches
zu Cynewulfs Elene, Juliana und Crist
auf Grund der von Sievers Beitr. X 209—314.
451—545 und von Luick Beitr. XI 470—492
veröffentlichten Aufsätze.

Inaugural-Dissertation

zur

Erlangung der philosophischen Doctorwürde,

welche

nebst beigefügten Thesen

mit

Zustimmung der hohen philosophischen Fakultät

der Universität Greifswald

Montag, den 9. Mai 1887

Vormittags 11 Uhr

öffentlich verteidigen wird

Philipp Frucht

aus Lüneburg.

Opponenten:

Philipsen, cand. phil.
Dittmer, stud. phil.

Greifswald.

Druck von Julius Abel.

1887.

Meinen teuren Eltern!

Vorbemerkungen.

I. Über das behandelte Material.

Ich folge bei der vorliegenden Untersuchung für die Elene
der zweiten Auflage der Ausgabe Zupitzas, Berlin 1883, für
die Juliana und den Crist der Ausgabe von Grein in seiner Bibl.
der ags. Poesie, Band I. Göttingen 1857, II. Göttingen 1858.

Solche Verse resp. Halbverse, in denen die Herausgeber
eine das Metrum verändernde Abweichung vom Ms. für notwendig erachtet hatten, habe ich im Allgemeinen von der Behandlung ausgeschlossen. Es sind 50a- und 47b-Halbverse.

Unbedenklich glaubte ich jedoch aufnehmen zu dürfen:
El 254ᵃ. 322. 338ᵇ. 379ᵇ. 399. 1150ᵇ. Jul 620ᵃ. Cri 886.
925ᵇ. 1413; obgleich in einigen Fällen die Verbesserungen
der Herausgeber geringfügige Änderungen des Metrums
hervorgerufen, in andren aber überhaupt erst einen regel-
rechten Vers zu Wege gebracht hatten.

Einige Male musste ich von der Lesart der Herausgeber
abweichen. Zupitzas darođas fluʒon El 140ᵇ verstösst gegen
die metrischen Gesetze, während das überlieferte darođ æsc,
welches wir mit Grein als Compositum fassen müssen, den
Anforderungen des Metrums durchaus genügt. — Die Änderung
des handschriftlichen þennan in þenian Jul. 187ᵇ nimmt schon
Grein in seinem Sprachschatz (Gn. Sp.) zurück. Desgleichen
die Änderung des überlieferten wid weʒas (d. h. wíd-weʒas)
in wíde weʒas Cri 482ᵃ. — Cri 724ᵃ hat das Ms. ʒebyrda,
Gn. im Text ʒebyrd, Gn. Sp. ʒebyrdu. Ich schliesse mich
dieser letzten Lesart an.

Bei dieser Gelegenheit möchte ich auch noch auf eine wie mir scheint unrichtige Abweichung vom Ms. hinweisen, die für das Metrum ohne Bedeutung ist. Jul 334ᵃ hat die Hs. ʒeméte, welches Gn. in ʒeméted ändert. Ich möchte, nach fundne im folgenden Verse, lieber ʒemétte schreiben. Die Stelle lautet im Zusammenhang:

ʒif we ʒemétte sín on moldweʒe
odde feor odde néah fundne weorden.

Die Verse Cri 961 f.:

þonne bid untwéo þæt þǽr Ádames cynn
cearena full cwíded ʒesárʒad

hat Gn. falsch abgeteilt. cynn gehört zu Vers 962.

Die Quantitätsänderungen, welche ich habe vornehmen müssen, gebe ich nicht einzeln an. Sie beruhen auf Sievers Ags. Gram.² (S. G.) und auf Sievers Beitr. X 451—545.

Die Runenzeichen, welche sich El 1258—1270, Jul 704 —708, Cri 797—808 finden, habe ich nach Massgabe von Zup. El. durch ihre Namen ersetzt. Abweichend davon musste ich Cri 797ᵃ céne statt cén aufnehmen nach Gn. Anm. zu diesem Verse.

II. Über den Gang meiner Untersuchung.

Um die Anlage meiner Arbeit zu verstehen, muss man den Weg kennen lernen, den ich bei meiner Untersuchung eingeschlagen habe. — Aus der Abhandlung von Sievers Beitr. X 451—545 geht hervor: erstens, dass sich in unseren Textausgaben der ags. Dichtungen zahlreiche falsche Quantitäts-ansätze befinden, und zweitens, dass in Bezug auf die einzelnen Flexionsformen die ags. Dichtungen uns in einer von den Originalen häufig abweichenden Gestalt überliefert sind. Um nun ein möglichst getreues Bild von den metrischen Verhält-nissen in den Originalen meiner drei Gedichte zu erhalten, habe ich von der metrischen Untersuchung zunächst ausge-schlossen: erstens, Halbverse, welche Wörter mit schwanken-den oder nicht durch die Grammatik gesicherten Quantitäten enthielten (nach Massgabe von S. a. a. O.), und zweitens Halbverse, welche Wortformen enthielten, denen Nebenformen von anderer metrischer Gestalt zur Seite standen (nach den Angaben von S. a. a. O. und S. G.). Es mussten aus diesen Gesichtspunkten in meiner metrischen Untersuchung zunächst unberücksichtigt bleiben 1016 a- und 993 b - Halbverse. Der Rest, 2680 a- und 2706 b - Halbverse, bildet die Grundlage des ersten Teils meiner Abhandlung. — Nachdem ich dies Material in die bekannten Typen eingeordnet hatte, suchte ich mit wenigen Strichen ein Bild der letzteren, wie sie in Cynewulfs Dichtungen auftreten, zu entwerfen. Ich schicke diese kurze Charakteristik der einzelnen Typen immer der Zusammenstellung des Materials voraus.

Auf diese metrische Untersuchung folgte sodann eine sprachliche. Die ausgeschiedenen Halbverse wurden nämlich von den gewonnenen metrischen Resultaten aus einer Prüfung unterzogen; und zwar wurde nicht nur untersucht, ob die betreffenden Halbverse in der vorliegenden Form metrisch unanstössig wären, sondern es wurde auch die Wirkung geprüft, welche durch Einsetzung der anderen etwa denkbaren Wortformen auf das Metrum hervorgebracht würde. Auf diese Weise wurde eine reiche Ausbeute an sprachlichen Ergebnissen gewonnen. Eine Zusammenstellung derselben gebe ich in dem zweiten Hauptteile des vorliegenden Aufsatzes.

Nun musste ich noch einmal zu der metrischen Untersuchung zurückkehren. Auch die zunächst ausgeschiedenen und dann in sprachlicher Beziehung untersuchten Halbverse wurden in das metrische System eingeordnet und je an ihrem Orte in eckigen Klammern dem zuerst behandelten Materiale hinzugefügt. Wo hierdurch andere Schattierungen in dem Gesammtbilde der einzelnen Typen notwendig wurden, habe ich dieselben natürlich bewerkstelligt. — Bei der Einordnung dieser Halbverse bin ich im Allgemeinen der überlieferten Fassung gefolgt; nur wo das Metrum unbedingt eine Änderung erforderte und die Art dieser Änderung keinem Zweifel unterlag, bin ich stillschweigend von der Überlieferung abgewichen. Über die einzelnen Fälle wird der sprachliche Teil meiner Bearbeitung die Auskunft nicht versagen. — Drei Gruppen von Halbversen mussten jedoch auch von der nachträglichen Aufnahme in die Materialsammlung zurückgewiesen werden; nämlich erstens Halbverse mit fremden Eigennamen, welche in metrischer Beziehung Anstoss erregten, oder deren Quantitäten nicht hinreichend festgestellt werden konnten; zusammen 27 a- und 34 b-Halbverse. Ferner habe ich ausschliessen müssen einen b- und 5 a-Halbverse, in denen für überlieferte Zahlzeichen Zahlformen von verschiedenem metrischen Werte denkbar waren. Endlich musste ich 8 b- und 29 a-Halbverse unberücksichtigt lassen, welche Composita von un- mit nicht ganz zweifelloser Betonung enthielten.

III.
Einzelnes, die metrische Untersuchung betreffend.

1. Vorvokalisches i (resp. ʒ etc.) betrachte ich nach Sievers' Vorgange als vokalisch in der zweiten Klasse der schwachen Verba; sonst dagegen (also z. B. in heries) als consonantisch.

2. Silbenbildende Liquida oder Nasalis zähle ich als volle Silbe. Wie sich zeigen wird, lässt das Metrum in unseren 3 Denkmälern diese Auffassung nicht nur überall zu, sondern fordert dieselbe sogar an zahlreichen Stellen; vergl. beispielsweise El 5^b. 85^a. 162^b. 171^a. 784^b. 888^a. 890^a. 985^b. 1121^b.

3. Auf etwaige Verminderung der Silbenzahl durch Elision nehme ich keine Rücksicht.

4. Bei denjenigen Halbversen, welche sogenannten Streckversen angehören, ist dies in jedem einzelnen Falle besonders angegeben. Jedoch veranlassen mich hier die widerspruchsvollen Bemerkungen Luicks Beitr. XI 486 f. zu einer kurzen Erläuterung des Begriffes Streckvers, wie ich denselben fasse. Ich verstehe unter Streckversen zunächst Verse, welche in beiden Hemistichen eine ungewöhnliche Erweiterung zeigen. Dieselben erscheinen sowohl gruppenweise (wie Cri 1666—1670) als auch einzeln (wie Cri 1690). Ausserdem bezeichne ich als Streckverse auch diejenigen Verse, welche

zwar nur in einem Hemistich ungewöhnlich erweitert sind, aber zwischen Streckversen der erstgenannten Art stehen (z. B. ʒiddum ʒearusnottorne | þám wæs Júdas nama El 586 innerhalb der Streckversgruppe 583—589). Dagegen scheinen mir auf den Namen Streckvers keinen Anspruch zu haben Verse, welche sich unter gewöhnlichen Versen befinden und nur in ihrem einen Hemistich eine solche ungewöhnliche Erweiterung aufweisen. (Demnach wäre kein Streckvers: deorc on þám dóme standeð | and déaðe fáh Cri 1561.)

5. Der Kürze wegen verzeichne ich hinter X die Fälle mit doppelter, hinter Y diejenigen mit gekreuzter, hinter Z endlich diejenigen mit einfacher Allitteration.

6. Bemerkungen über metrische Verhältnisse im Bw. oder in der Jud. sind den bereits citierten Arbeiten von Sievers resp. Luick entnommen.

7. In Bezug auf die Betonung von nú þá füge ich hier anhangsweise zu der Bemerkung von S. Beitr. XI 477 f. Anm. hinzu, dass die höhere Betonung von nú ausser durch das me. auch durch die ags. Verslehre erwiesen wird. Es finden sich nämlich eine Reihe von b-Halbversen, welche bei Annahme von höherer Betonung des þá doppelte Allitteration aufweisen würden:

on þysse þéode | bútan þec núðá. El 539.

þæt mé þus þríste | swá þú nú þá. Jul 511.

þréam forþrycte | ǽr þú nú þá. Jul 520.

þinʒ wið þyrse | ic þé nú þá. Bw 426.

þrýð-ærn Dena | búton þé nú þá. Bw 658.

Metrischer Teil.

I. Zweite Halbzeile.

Unsere 2706 b-Halbverse verteilen sich auf die einzelnen Grundtypen folgendermassen:

		Y	Z	Summe.
A. Grundtypus	$\acute{-} \times \mid \acute{-} \times$	33	1095	1128
B. „	$\times \acute{-} \mid \times \acute{-}$	13	768 (+2)	781 (+2)
C. „	$\times \acute{-} \mid \acute{\smile} \times$	8	495 (+5)	503 (+5)
D. „	$\acute{-} \mid \acute{\smile} \times \times$	4	127 (+6)	131 (+6)
E. „	$\acute{-} \times \times \mid \acute{-}$	3	130 (+8)	133 (+8)
F. „	$\acute{-} \times \acute{-} \times \acute{-} \times$	—	4	4
G. Reste		—	5	5
Summe		61	2645	2706

Mit (+ ...) bezeichne ich diejenigen Halbverse, welche den betreffenden Grundtypen nicht mit voller Sicherheit zugerechnet werden können.

A. Grundtypus $\acute{-} \times \mid \acute{-} \times$.

Dieser Grundtypus besteht aus einem vollen Typus $\acute{-} \times \mid \acute{-} \times$ und einem gekürzten Typus $\acute{-} \times \mid \acute{\smile} \times$. Von seinen 1128 Halbversen fallen nur 14 auf den gekürzten Typus. In allen diesen 14 Belegen jedoch finden wir in der ersten Senkung eine schwere Silbe, d. h. entweder ein stärker betontes einsilbiges Wort oder das zweite Glied eines Compositums, woraus wir schliessen dürfen, dass diese Senkung einen Nebenictus trug. Unter den 1114 Halbversen des vollen Typus dagegen treffen wir nur 22 mit schwerer Senkungssilbe; und zwar findet sich eine solche schwere Silbe bald in der ersten, bald in der zweiten Senkung, in einem Verse sogar in beiden Senkungen. Die 1114 Halbverse des vollen Typus zerfallen in 1073 auftaktlose und 41 mit Auftakt ver-

sehene. Bei den auftaktlosen Halbversen ist ein- und zweisilbige erste Senkung das normale. Längere erste Senkung
ist verhältnismässig selten. Bei den Auftakt-Halbversen dagegen findet sich mehr als zweisilbige erste Senkung überhaupt nicht; weder hier, noch im Bw., noch in der Jud.
Die Länge des Auftakts bewegt sich zwischen einer und
sechs Silben. Viele der Auftakthalbverse gehören Streckversen an, und zwar um so mehr, je länger die einzelnen
Formen sind. — Unter den 1128 Halbversen unseres Typus
befinden sich 33 mit gekreuzter Allitteration. Dieselben gehören sämmtlich zu den auftaktlosen Halbversen des vollen
Typus.

I. Voller Typus $\angle \times \mid \angle \times$.

a. Verse ohne Auftakt.

α. Nicht mit zweiten Gliedern von Compositis in den
Senkungen.

$$\angle \times \mid \angle \times .$$

Y. céolas léton. El 250; 374. 421. 492. 497. 565. 1284.
Jul 396. Cri 100. 246 et c. Summe 16. [El 227. 567. 1280.
Jul 278. 407. 647. Cri 1090].

Z. ȝeara hwyrftum. El 1; 3. 8. 11. 23. 30. 43. 54. 59.
71 et c. Summe 560. [El 33. 44. 102. 126. 152. 205. 211.
218. 221. 237. 314. et c. Summe 149].

$$\smile \times \times \mid \angle \times .$$

Y. cyninȝa wuldor. El 5; 178. 1067. [Cri 467].
Z. werodes breahtme. El 39; 82. 138. 156. 206. 241.
254. 353. 383. 398 et c. Summe 68. [El 184. 198. 315.
344. 438. 454. 575. 608. 732. 943 et c. Summe 26].

$$\angle \times \mid \smile \times \times .$$

Z. wuldorcyninȝe. El 291; 301. 506. 527. 636. 821.
950. 1028. 1147. 1268 et c. Summe 40. [El 35. 386. Jul
569. Cri 465. 532].

$$\smile \times \times \mid \smile \times \times .$$

Z. cyninȝ on roderum. El 460; 762. 1151. Cri 503. 758.

8

$\stackrel{\prime}{\times} \times | \stackrel{\prime}{-} \times \cdot$

Y. rihta ӡehwylces. El 910; Jul 30. 513. 519. Cri 16.
29. 216. 1315. 1438. 1487.
Z. mannum tó hróđer. El 16; 24. 40. 62. 69. 137. 149.
177. 193. 200 et c. Summe 281. [El 21. 47. 68. 93. 104.
141. 166. 331. 358. 488 et c. Summe 79].

$\stackrel{\smile}{\times} \times \times | \stackrel{\prime}{-} \times \cdot$

Z. werod wæs on tyhte. El 53; 96. 230. 233. 278.
511. 698. 902. 956. 970 et c. Summe 26. [El 56. 219. 246.
266. 321. 428. 857. 946. 953. 1265 et c. Summe 18].

$\stackrel{\prime}{-} \times \times | \stackrel{\smile}{\times} \times \cdot$

Y. hearma ӡefremede. El 912.
Z. aldor ӡeneredon. El 132; 251. 263. 453. 745. 801.
1292. Jul 16. 340. 375 et c. Summe 28. [El 299. 363.
779. 831. Jul 40. 107. 312. 588. Cri 202. 424 et c.
Summe 14].

$\stackrel{\prime}{-} \times \times \times | \stackrel{\prime}{-} \times$

Y. blinde on ӡeþoncum. Cri 1127; [Cri 460].
Z. yldra ođđe ӡinӡra. El 159; 1127. Cri 65. 128. 357.
1080. 1120. 1133. 1143. 1503. 1538. 1544. 1656. [Jul 64.
453. 556. 728. Cri 404. 923. 967. 995. 1220. 1475. 1655].

β. Mit zweiten Gliedern von Compositis in den Senkungen.
a. Mit dem zweiten Gliede eines Comp. in erster Senkung.

$\stackrel{\prime}{-} \times | \stackrel{\prime}{-} \times \cdot$

Y. éh-stréam sóhte. Jul 673.
Z. þrýđbord sténan. El 151; 308. 1079. Jul 527. 552
Cri 649. [El 349. Jul 170. Cri 1071. 1085. 1318].

$\stackrel{\smile}{\times} \times | \stackrel{\prime}{-} \times \cdot$

Z. wiđercyr siđđan. El 926; Cri 379.

$[\stackrel{\prime}{-} \times | \stackrel{\smile}{\times} \times$

Z. sæmearh pleӡean. El 245; 472. 806. Cri 655].

$[\stackrel{\smile}{\times} \times | \stackrel{\smile}{\times} \times \cdot$

Z. wiđersæc fremedon. El 569].

b. Mit dem zweiten Gliede eines Comp. in zweiter Senkung.

$\acute{-} \times | \acute{-} \times \cdot$

Y. mæȝna ȝoldhord. Cri 787.

Z. sunnan wilsíð. Cri 26; 137. 480. 906. [Jul 43. 172. 469. 625. Cri 51. 569. 832. 913].

$\underset{\smile}{\acute{}} \times \times | \acute{-} \times \cdot$

Z. hæleða náthwylc. El 73; 229. [El 672. Cri 1291].

$\acute{-} \times \times | \acute{-} \times \cdot$

Z. wítȝa ȝeond þéodland. Cri 306; 1122.

$\underset{\smile}{\acute{}} \times \times \times | \acute{-} \times \cdot$

Z. micel is þæt onȝin. Jul 127.

c. Mit dem zweiten Gliede eines Comp. in beiden Senkungen.

$\acute{-} \times | \acute{-} \times \cdot$

Z. árléas lícsár. Cri 1430.

b. Verse mit Auftakt.

α. Nicht mit zweiten Gliedern von Compositis in den Senkungen.

$\times | \acute{-} \times | \acute{-} \times \cdot$

Z. his ȝǽst onsende. Jul 310; 518. Cri 1461.

$\times | \underset{\smile}{\acute{}} \times \times | \acute{-} \times \cdot$

Z. tó wræce ne sette. El 495; 581 (vor einer Streckversgruppe). Cri 637. 1072. 1140. 1602. [El 1269. Cri 591].

$\times \times | \acute{-} \times | \acute{-} \times \cdot$

Z. ne wæs æniȝ þára. Jul 510; Cri 1386 (am Schluss einer Streckversgruppe). 1500. [El. 309. 1252. Cri 54].

$\times \times | \underset{\smile}{\acute{}} \times \times | \acute{-} \times \cdot$

Z. þær þu þolades siððan. Cri 1410.

$\times \times \times | \acute{-} \times | \acute{-} \times \cdot$

Z. hé þé mæȝ sóð ȝecýðan. El 588 (Streckvers); 668. Cri 889 (Streckvers). 1305. 1464. 1488 (Streckvers). 1547 (Streckvers). [Jul 301. Cri 1378. 1489. 1640. 1685].

××××ǀ ⊻×ǀ ⊻× ·

Z. hwǽr hé þára næʒla swíđost. El 1103; 1158. 1160.
Cri 1427 (Streckvers). 1690 (Streckvers). [El 589 (Streckvers). Cri 1468].

××××ǀ ⌣× ×ǀ ⌣× × ·

Z. þæt þu wurde weliʒ on heofonum. Cri 1496 (Streckvers).

×××××ǀ ⊻×ǀ ⊻× ·

Z. ne maʒon ʒé þá wyrd bemíđan. El 583 (Streckvers);
Cri 621 (Streckvers). [Cri 1667 (Streckvers)].

××××××ǀ ⊻×ǀ ⊻× ·

Z. mid þý ic þe wolde cwealm áfyrran. Cri 1426
(Streckvers).

×ǀ ⊻××ǀ ⊻× ·

Z. ne durran we siđđan. Jul 330; Cri 595. [Cri 490.
1249].

××ǀ ⊻××ǀ ⊻× ·

Z. þonne wihta ʒehwylce. Cri 982.

×××ǀ ⊻××ǀ ⊻× ·

Z. ond þær þá ænne betæhton. El 585 (Streckvers).

×××ǀ ⊻××ǀ ⌣× × ·

Z. ond míne léode ʒenerede. El 163 (Streckvers).

××××ǀ ⊻××ǀ ⊻× ·

Z. đá wurdon híe déađes on wénan. El 584; Cri 1423.
1497. 1514. 1666. [Cri 1668]. (Die Halbverse dieser Gruppe
befinden sich in Streckversen; ausgenommen nur Cri 1514,
der jedoch unmittelbar vor einem Streckverse steht).

××⌵×ǀ ⌣× ××ǀ ⌣× × ·

Z. hwæt ic þæt for worulde ʒeþolade. Cri 1424 (Streckv.).

[××⌵××ǀ ⊻××ǀ ⊻× ·

Z. þone híe þære cwéne áʒêfon. El 587; 609. 610. 667.
(Es sind sämmtlich Streckverse)].

β. Mit zweiten Gliedern von Compositis in den Senkungen.

××ǀ ⊻×ǀ ⊻× ·

Z. and þe andʒiet sealde. Cri 1381 (vor einer Streck-versgruppe).

$$[\times\times\times\times\times\times\mid \acute{}\times\mid\acute{}\times\cdot$$

Z. ʒedyde ic þæt þu onsýn hæfdest. Cri 1383 (Streckvers)].

II Gekürzter Typus $\acute{}\grave{\times}\mid\breve{}\times\cdot$

$$\acute{}\grave{\times}\mid\breve{}\times\cdot$$

a. Die Senkung des ersten Fusses wird durch ein stärker betontes einsilbiges Wort ausgefüllt.

Z. hám eft þanon. El 143; 148. [Cri 86].

b. Die Senkung des ersten Fusses wird durch das zweite Glied eines Compositums ausgefüllt.

Z. ʒrímhelm maniʒ. El 258; 264. 758. 937. 1017. Jul 204. Cri 623. 969. 1564. [El 612. 1279. Jul 388. Cri 643. 788. 983. 1417. 1555. 1578].

$$\breve{}\times\grave{\times}\mid\breve{}\times\cdot$$

a. Die Senkung des ersten Fusses wird durch ein stärker betontes einsilbiges Wort ausgefüllt.

Z. ʒodes lof hafen. Jul 693.

b. Die Senkung des ersten Fusses wird durch das zweite Glied eines Compositums ausgefüllt.

Z. siʒeléoð ʒalen. El 124; 140.

B. Grundtypus $\times\acute{}\mid\times\acute{}\cdot$

Die Summe der Halbverse dieses Typus beträgt 781. Darunter befinden sich 3 mit dem zweiten Gliede eines Compositums in der Mittelsenkung. Diese Erscheinung muss hier als eine Licenz betrachtet werden, und es ist auf die volle Senkungssilbe kein Nebenictus zu legen.

Die erste Senkung ist 1- bis 5-silbig; die zweite Senkung 1- oder 2-, selten 3-silbig.

Unter den 781 Halbversen befinden sich 13 mit gekreuzter Allitteration.

α. Nicht mit zweiten Gliedern von Compos. in der Mittelsenkung.

1. Einsilbige zweite Senkung.

$$\times \overset{\_}{} \mid \times \overset{\prime}{} \cdot$$

Y. in ríce wearð. El 9; Jul 431.

Z. þurh mennisc héo. El 6; 115. 231. 257. 312. 352. 424. 481. 590. 717 et c. Summe 69. [El 364. 670. 742. 853. 879. 924. 928. 1055. Jul 411. 440 et c. Summe 19].

$$\times \overset{\prime}{\underset{\smile}{\times}} \mid \times \overset{\prime}{} \cdot$$

Z. þæt siʒe forʒeaf. El 144; 699. 1176. Cri 282. 347. 1278.

$$\times \overset{\prime}{} \mid \times \overset{\prime}{\underset{\smile}{\times}} \cdot$$

Z. ond wæpenþræce. El 106; 436. 560. 564. 592. 685. Jul 139. Cri 44. 593. 1139 et c. Summe 15. [El 1288. 1321. Jul 665. Cri 163. 230. 277. 1208. 1626].

$$\times \overset{\prime}{\underset{\smile}{\times}} \mid \times \overset{\prime}{\underset{\smile}{\times}} \cdot$$

Z. ǽr sumeres cyme. El 1228.

$$\times \times \overset{\_}{} \mid \times \overset{\prime}{} \cdot$$

Y. syððan furþum wéox. El 914; 1314. [El 869. Cri 1064].

Z. þæs þe wealdend ʒod. El 4; 7. 81. 89. 92. 94. 131. 136. 139. 147 et c. Summe 295. [El 107. 128. 207. 283. 337. 355. 357. 384. 435. 442 et c. Summe 94].

$$\times \times \overset{\prime}{\underset{\smile}{\times}} \mid \times \overset{\_}{} \cdot$$

[Y. síe ðé mæʒena ʒod. El 810].

Z. þæt hé maneʒum wearð. El 15; 165. 202. 362. 693. 816. 871. 872. 874. 989 et c. Summe 28. [El 150. 275. 300. 382. 638. 709. 787. 848. 1003. 1015 et c. Summe 24].

$$\times \times \overset{\_}{} \mid \times \overset{\prime}{\underset{\smile}{\times}} \cdot$$

[Y. me þín dohtor hafað. Jul 68; 684].

Z. swylce Húna cyninʒ. El 32; 41. 49. 85. 222. 294. 360. 373. 627. 763 et c. Summe 48. [El 418. 530. 586 (Streckvers). 864. 1194. Jul 96. 249. 378. 430. Cri 808 et c. Summe 15].

$$\times \times \overset{\prime}{\underset{\smile}{\times}} \mid \times \overset{\prime}{\underset{\smile}{\times}} \cdot$$

Z. éac ic sume ʒedyde. Jul 475; Cri 61. 372. 629. 1039. 1388.

$\times\times\times \stackrel{\prime}{-} \mid \times \stackrel{\prime}{-} \cdot$

Y. þǽr hé on corðre swæf. El 70; Jul 530. [Cri 1321].
Z. swá him se ár ábéad. El 87; 183. 214. 243. 303.
346. 485. 500. 502. 635 et c. Summe 95. [El 88. 162. 286.
411. 430. 526. 715. 740. 789. 825 et c. Summe 37].

$\times\times\times \stackrel{\smile}{\times} \mid \times \stackrel{\prime}{-} \cdot$

Y. þéah þe him weoruda ʒod. Jul 515; Cri 1162.
Z. þæt him on heofonum ǽr. El 101; 223. 697. Jul
2. 504. Cri 74. 719. 1630. [Cri 1312].

$\times\times\times \stackrel{\prime}{-} \mid \times \stackrel{\smile}{\times} \cdot$

Z. ond hú ðý þriddan dæʒe. El 185; 210. 677. 780.
793. 1086. 1291. Jul 51. 211. 238. et c. Summe 20. [El
1006. 1054. 1204. Jul 657. 716. Cri 931. 1054. 1200.
1479. 1569].

$[\times\times\times \stackrel{\smile}{\times} \mid \times \stackrel{\smile}{\times} \cdot$

Z. forþon heht siʒores fruma. Cri 294].

$\times\times\times\times \stackrel{\prime}{-} \mid \times \stackrel{\prime}{-} \cdot$

Z. ne hýrde ic síð né ǽr. El 240; 798. Cri 72. 729.
917. 1306. 1369. 1384 (Streckvers). 1502. 1692. [El 1312.
Cri 255. 1286. 1375. 1420].

$\times\times\times\times \stackrel{\prime}{-} \mid \times \stackrel{\smile}{\times} \cdot$

Z. hwæðer him mon sóð þe lyʒe. Cri 1307; 1507. 1631.
[Cri 1574].

$\times\times\times\times\times \stackrel{\prime}{-} \mid \times \stackrel{\prime}{-} \cdot$

Z. ʒehýrde þǽre fǽmnan word. Jul 59; Cri 1166. 1236.
[Cri 1364].

$\times\times\times\times\times \stackrel{\prime}{-} \mid \times \stackrel{\smile}{\times} \cdot$

Z. þonne hy him þurh mínne noman. Cri 1352.

2. Zweisilbige zweite Senkung.

$\times \stackrel{\prime}{-} \mid \times\times \stackrel{\prime}{-} \cdot$

Y. þe dryhtnes bibod. Cri 1159.
Z. ond beorna ʒeþrec. El 114; 118. 767. 888. 1183.
Jul 112. 284. 655. Cri 10. 59 et c. Summe 18. [El 108.
854. Jul 159. 414. Cri 1215].

× ‒ | × × ⌣× .

Z. in foldan bizrafen. Cri 1466; [Cri 107].

× × ‒ | × × ‒ .

Y. symle cirde tó him. El 915; 1089. [El 98].

Z. hé of slǽpe onbrǽzd. El 75; 271. 368. 407. 570. 578. 640. 683. 704. 705 et c. Summe 66. [El 17. 42. 195. 298. 340. 432. 465. 682. 703. 842. et c. Summe 29].

× × ⌣× | × × ‒ .

Y. scyle zumena zehwylc. Cri 821. [El 63].

Z. þú tó heofenum beseoh. El 83; 188. 696. 1039. 1170. Jul 273. Cri 135. 867. [El 844. Jul 561].

× × ‒ | × × ⌣× .

Z. ond þá wiste widsǽce. El 617; 653. 1066. Jul 361. Cri 1177. 1179. 1240. 1421. 1456. 1510. [Cri 1164].

× × ⌣× | × × ⌣× .

Z. sume hyder sume þyder. El 548; Cri 1448.

× × × ‒ | × × ‒ .

Z. þonne hé ǽr odđe síđ. El 74; 446. 599. 726. 966. 975. 1126. 1164. 1317. Jul 46 et c. Summe 31. [El 100 618. 735. 1229. Cri 235. 362. 370. 458. 585. 1018. 1078. 1310].

× × × ⌣× | × × ‒ .

Z. þonne þéos ædele zewyrd. El 647; 1131. Cri 737. 1486. [El 1218].

× × × ‒ | × × ⌣× .

Z. nǽfre hé sóđra swá feala. El 778; Jul 718. Cri 247. 1269. 1330.

× × × × ‒ | × × ‒ .

Z. þæs hire se willa zelamp. El 963; Jul 36. 553. Cri 36. 613. 843 1128. 1202. 1494. ·[Cri 922. 1308. 1428 (forþon ic þæt earfeđe wonn; am Schluss einer Streckversgruppe; kann auch gelesen werden als × × × × | ‒ ⌣ × | ‒ nach Typus E)].

3. Dreisilbige zweite Senkung.

$$\times\times\overset{\text{–}}{\smile} \mid \times\times\times\overset{\text{–}}{\smile}\cdot$$

Z. næfre furður þonne nú.   El 388; Jul 100. 444.

$$\times\times\times\overset{\text{–}}{\smile} \mid \times\times\times\overset{\text{–}}{\smile}\cdot$$

Y. ne læt áwyrȝde ofer ús.   Cri 158.

β. Mit zweiten Gliedern von Compositis in der Mittelsenkung.
Bei den Halbversen mit mehrsilbiger Mittelsenkung könn-
ten Zweifel entstehen, ob dieselben nicht als Typus E mit
Auftakt zu betrachten seien.   Jedoch finden sich sichere Beispiele für Typus E mit Auftakt gar nicht, während für Typus
B mit zweiten Gliedern von Compos. in der Mittelsenkung
sichere Beispiele geboten werden durch die Belege, welche
nur einsilbige Mittelsenkung haben.

$$\times\overset{\text{–}}{\smile} \mid \times\overset{\text{–}}{\smile}\cdot$$

Z. sceall æȝhwylc ðær.   El 1281.

$$\times\times\overset{\text{–}}{\smile} \mid \times\overset{\text{–}}{\smile}\cdot$$

Z. hine fyrwet bræc.   Jul 27;   Cri 1628.

$$[\times\times\overset{\text{–}}{\smile} \mid \times\overset{\smile}{\smile}\times\cdot$$

Z. wé ðæt æbylȝð nyton.   El 401; þæs he eftléan wile
Cri 1100.   Mir scheint, dass in dem letzten Halbverse eft und
léan zu trennen und die erste Hebung dann auf léan zu legen
ist.   Die Allitteration würde dadurch nicht beeinträchtigt
werden, da der a-Halbvers, mid þý úsic álýsde, alsdann dem
Typus A III zufallen würde].

$$\times\times\overset{\text{–}}{\smile} \mid \times\times\overset{\text{–}}{\smile}\cdot$$

Z. he þá brýdlufan sceal.   Jul 114.   Sievers Beiträge
X 517 zieht sceal zum folgenden Verse, sodass also Jul 114[b]
als $\times\times\overset{\text{–}}{\smile} \mid \overset{\smile}{}\times$ dem Typus C zufallen würde.

$$[\times\times\overset{\smile}{\smile}\times \times\times\overset{\text{–}}{\smile}\cdot$$

Z. þæt bið foretácna mæst.   Cri 893].

$$\times\times\overset{\text{–}}{\smile} \mid \times\times\overset{\smile}{\smile}\times\cdot$$

Z. and him æȝhwæs oftuȝon.   Cri 1505.

C. Grundtypus $\times\overset{\text{–}}{\smile} \mid \overset{\smile}{\smile}\times$.

Unter den 503 Halbversen des Grundtypus C befindet
sich nur ein einziger mit dem zweiten Gliede eines Compo-

situms in der Schlusssenkung. Im Bw. und in der Jud. kommen solche Fälle überhaupt nicht vor. Selbstverständlich ist das zweite Glied dieses Compositums als eine unbetonte Silbe zu betrachten.

Der Grundtypus C spaltet sich in zwei Unterabteilungen; in den vollen Typus $\times \_ \mid \_ \times$ welcher hier 324 Halbverse umfasst, und in den gekürzten Typus $\times \_ \mid \cup \times$, der 179 Halbverse aufweist. Die Eingangssenkung steigt von einer bis zu sechs Silben. — Bei dem gekürzten Typus werden nach S. Beitr. X 248 Auflösungen gemieden.

In der Jud. haben wir einen, im Bw. sechs zweifelhafte Belege für Auflösung der ersten Hebung; in unseren Denkmälern bieten sich drei derartige Halbverse dar.

8 Halbverse unseres Typus zeigen gekreuzte Allitteration.

Im folgenden scheide ich unter v und w die Halbverse mit zweitem Ictus auf volltoniger und diejenigen mit zweitem Ictus auf nebentoniger Silbe.

α. Nicht mit zweiten Gliedern von Compos. in der Schluss-senkung.

I. Voller Typus $\times \_ \mid \_ \times$

$$\times \_ \mid \_ \times$$

v.

Z. wið þec æfre. El 403; 659. 955. 1024. Jul. 337. 438. 507. 511. 520. 550. et c. Summe 14. [El 759. 1159. Jul 137. 482. Cri 909. 1116. 1158. 1349. 1678].

w.

Z. þá wísestan. El 153; 536. 689. 1019. Jul 93. 179. 247. Cri 520. [El 645. Cri 761].

$$\times \cup \times \mid \_ \times \cdot$$

v.

Y. þurhtoʒen hæbbe. Jul 458; Cri 1451.

Z. tó heretéman. El 10; 72. 155. 181. 204. 224. 249. 304. 324. 369. et c. Summe 75. [El. 2. 134. 288. 341. 415. 522. 634. 933. 938. 998. et c. Summe 17].

$$\times \_ \mid \cup \times \times$$

v.

Z. and ʒristbitade. Jul 596; Cri 478.

$$\times \underset{\smile}{} \times \mid \underset{\smile}{} \times \times \cdot$$

v.

Z. wið ofermæʒene. El 64; 686. 1100. 1142. Cri 197. 1192. 1355.

$$\times \times \underset{-}{\prime} \mid \underset{-}{\prime} \times \cdot$$

v.

Y. þætte werþéode. Cri 600.

Z. þæt on ælfylce. El 36; 161. 209. 414. 539. 661. 760. 761. 777. Cri 1164 (am Schluss eines Streckverspaares) et c. Summe 51. [El 57. 171. 172. 493. 533. 675. 818. 1306. Jul 34. 48. et c. Summe 26].

w.

Z. wurdon ̤heardinʒas. El 130; 673. 931. 991. 1065 1202. 1235. Jul 149. 160. 205. et c. Summe 22. [El 190. 268. 611. 652. Jul 543. Cri 458. 1622. 1681].

$$\times \times \underset{\smile}{} \times \mid \underset{-}{\prime} \times \cdot$$

v.

Y. on þám siʒeþréate. Cri 844; [El 372].

Z. þéah híe werod læsse. El 48; 79. 167. 168. 182. 356. 399. 420. 443. 470. et c. Summe 84. [El 84. 297. 311. 371. 387. 406. 827. 985. 1184. Jul 49 et c. Summe 26.]

w.

Z. þær þá æðelestan. El 1107.

$$\times \times \underset{-}{\prime} \mid \underset{\smile}{} \times \times \cdot$$

v.

Z. þonne rand dynede. El 50; 1239. Cri 488. 1684. [El 14. 982. Cri 1189].

$$\times \times \underset{\smile}{} \times \mid \underset{\smile}{} \times \times \cdot$$

v.

Z. þæt hit heofoncyninʒes. El 170; 474. 1318. Jul 360.

$$\times \times \times \underset{-}{\prime} \mid \underset{-}{\prime} \times \cdot$$

v.

Z. þe ic him tó séce. El 319; 325. 393. 410. 568. 643. 1129. 1278. Jul 214. 505. et c. Summe 17. [El 174. 579. 1286. Jul 328. Cri 435. 684. 781. 1493. 1553. 1568].

w.

Z. þá wæron heardinʒas. El 25; Cri 25. 1373 [Cri 1410].

$$\times \times \times \underset{\smile}{\times} \quad \underline{\prime} \times .$$

v.

Z. ond hwæðre ʒeare nyste. El 719; Jul 11. 35. 87. 215. 259. 473. 664. Cri 155. 468. et c. Summe 17. [El 966. 1044. Jul 32. 103. 183. Cri 574. 636. 797].

$$\times \times \times \underline{\prime} \mid \underset{\smile}{} \times \times .$$

v.

Z. þæt ʒe hér on stariað. Cri 521; 570. [Cri 794].

$$[\times \times \times \underset{\smile}{\times} \mid \underset{\smile}{} \times \times \cdot$$

v.

Z. and hyra sefan trymedon. Cri 1360; 1429].

$$\times \times \times \times \underline{\prime} \mid \underline{\prime} \times \cdot \quad \bullet$$

v.

Z. þe hyre se áʒlǽca. Jul 268; Cri 1084. 1211.

w.

Z. þonne þínum scyppende. Cri 1396.

$$\times \times \times \times \underset{\smile}{\times} \mid \underline{\prime} \times \cdot$$

v.

Z. þæt we hine witan mótan. Cri 384; 1224.

$$\times \times \times \times \times \underset{\smile}{\times} \mid \underline{\prime} \times .$$

v.

Z. forðan híe nú on wlite scínaþ. El 1319.

$$\times \times \times \times \times \times \underset{\smile}{\times} \mid \underline{\prime} \times .$$

v.

Z. þæt hi under éowrum þæce mósten. Cri 1504.

II. Gekürzter Typus $\times \underline{\prime} \mid \underset{\smile}{} \times \cdot$

1. Nicht mit Auflösung der ersten Hebung.

$$\times \underline{\prime} \mid \underset{\smile}{} \times .$$

v.

Z. ond Hréðʒotan. El 20; 105. 203. 282. 292. 419. 441. 494. 528. 728. et c. Summe 35. [Cri 62. 286].

w.

Z. [þám cásere. El 212; 563]. Vielleicht zu Typus B gehörig: and wuldriað. Cri 401.

$$\times \times \underset{\smile}{\'} \mid \underset{\smile}{\lor} \times .$$

v.

Y. ond se ár somod. El 95; 1179. Jul 254. Cri 1694.
[Jul 384. Cri 431. 833].

Z. hé wæs riht cyninʒ. El 13; 18. 46. 76. 123. 133.
158. 173. 272. 279. et c. Summe 108. [El 259. 426. 551.
605. 1029. 1196. 1267. Jul 84. 402. 632 et c. Summe 21].

w.

Z. a. Sicher hierher gehörig: ic him byrlade. Jul 486;
Cri 196. 1342. [El 334. 1087. 1097. Jul 136. 263. 492.
571. Cri 130. 390. 676. 1172].

b. Vielleicht zu Typus B. gehörig:
Prs. þe ʒe wáfiað. Cri 89; 160. 1683.
Prt. Pl. þæt híe weorðeden. El 1222.

$$\times \times \times \underset{\smile}{\'} \mid \underset{\smile}{\lor} \times .$$

v.

Z. æt þám se léodfruma. El 191; 402. 450. 968. 1123.
1232. 1233. Jul 207. 253. 276. et c. Summe 22. [El 416.
498. Jul 69. 110. 487. 686. Cri 179. 260. 878. 1150. et c.
Summe 15].

w.

Z. þider þu fundadest. Cri 1671.

$$\times \times \times \times \underset{\smile}{\'} \mid \underset{\smile}{\lor} \times .$$

v.

Z. þæt hé þone stán nime. El 615; Jul 630. Cri 76.

2. Mit Auflösung der ersten Hebung.

$$[\times \underset{\smile\smile}{\lor} \times \mid \underset{\smile}{\lor} \times .$$

v.

Z. on efen nimeð. Cri 965].

$$\times \times \underset{\smile\smile}{\lor} \times \mid \underset{\smile}{\lor} \times .$$

v.

Z. and þu fæder cweden. Cri 211; 367.
[w.

Z. ond þá fæderlican. El 431; Cri 672].

$$\times \times \times \underset{\smile\smile}{\lor} \times \mid \underset{\smile}{\lor} \times .$$

v.

Z. onʒon his hræʒl teran. Jul 595.

2*

⌊w.

Z. þæt þu þý sweotolicor. Jul 355].

β. Mit zweiten Gliedern von Compos. in der Schlusssenkung.

$$\times \overset{\smile}{\underset{\smile}{\times}} \mid \,\overset{\_}{} \times \cdot$$

v.

Z. in ʒodes þéowdóm. El 201.

D. Grundtypus $\overset{\_}{} \mid \overset{\smile}{} \times \times \cdot$

Der Grundtypus D umfasst 131 sichere Halbverse. Er zerfällt in einen vollen Typus $\overset{\_}{} \mid \overset{\_}{} \times \times$ und in einen seltenen verkürzten Typus $\overset{\_}{} \mid \overset{\smile}{} \times \times$. Letzterer ist hier nur durch 4 Halbverse vertreten.

Der volle Typus zerfällt wieder in die beiden Untertypen $\overset{\_}{} \mid \overset{\_}{} \overset{\backprime}{\times} \times$ u. $\overset{\_}{} \mid \overset{\_}{} \times \overset{\backprime}{\times}$. Ersterem fallen 71, letzterem 29 Halbverse zu; ferner haben wir 27 Halbverse, bei denen wir nicht entscheiden können, welchem der beiden Untertypen dieselben angehören; es sind dies diejenigen mit Formen des Prs. oder des Pl. Prt. der schwachen Verba zweiter Klasse im zweiten Fuss.

Die 71 Beispiele für den Untertypus $\overset{\_}{} \mid \overset{\_}{} \overset{\backprime}{\times} \times$ gehören sämmtlich dem normalen Typus $\overset{\_}{} \mid \overset{\_}{} \overset{\backprime}{\times} \times$ an. Durch Auftakt oder durch Einschiebung einer unbetonten Silbe nach der ersten Hebung erweiterte Formen, wie sie sich im Bw. finden, kommen hier nicht vor. In 41 dieser Belege fällt der Nebenictus auf eine lange, in den übrigen auf eine kurze Silbe.

Von den 29 Halbversen des zweiten Untertypus fallen 21 auf den normalen Typus $\overset{\_}{} \mid \overset{\_}{} \times \overset{\backprime}{\times}$, 8 dagegen auf einen erweiterten Typus; und zwar besteht diese Erweiterung in Verdoppelung der unbetonten Senkungssilbe ($\overset{\_}{} \mid \overset{\_}{} \times \overset{\backprime}{\times} \overset{\backprime}{\times}$), während Formen mit Verdreifachung dieser Silbe ($\overset{\_}{} \mid \overset{\_}{} \overset{\backprime}{\times} \times \times \overset{\backprime}{\times}$) und ebenso Formen mit gleichzeitiger Verdoppelung derselben und Einfügung einer unbetonten Silbe nach der ersten Hebung ($\overset{\_}{} \times \mid \overset{\_}{} \times \times \overset{\backprime}{\times}$), die im Bw. erscheinen, hier nicht auftreten.

Was die Art der Allitteration angeht, so haben 4 von den 131 Halbversen des Grundtypus D gekreuzte Allitteration, und zwar entfallen dieselben auf den vollen Typus. 2 von ihnen kommen sicher dem Untertypus $\overset{\_}{} \mid \overset{\_}{} \overset{\backprime}{\times} \times$ zu; die beiden andren jedoch gehören zu jener Gruppe von Halbversen, die

wir nicht mit Bestimmtheit dem einen oder dem andren Untertypus zuweisen konnten.

1. Voller Typus $\measuredangle \mid \measuredangle \times \times$.

I. Untertypus $\measuredangle \mid \measuredangle \times \times$.

a. Normaler Typus $\measuredangle \mid \measuredangle \times \times$.

α. Die Nebentonsilbe ist lang.

1. Die Senkung wird durch ein zweisilbiges Compositionsglied von der Form $\measuredangle \times$ ausgefüllt.

$$\measuredangle \mid \measuredangle \measuredangle \times .$$

Z. Críst ælmihtiჳ. Cri 215; 331. [Jul 317. Cri 395. 1379].

$$\smile \times \mid \measuredangle \measuredangle \times .$$

Z. cyninჳ ælmihtiჳ. El 145; 866. 1084. 1091. Jul 320.
Cri 309. 320. [Cri 121].

2. Am Schlusse des Halbverses dreisilbige einfache
Wörter von der Form $\measuredangle \measuredangle \times$.

$$\measuredangle \mid \measuredangle \measuredangle \times .$$

Y. dómweorđunჳa. El 146.

Z. byrnwíჳendom. El 235; 236. 391. 716. 851. 1088.
1149. 1221. 1234. Jul 6. et c. Summe 21. [El 34. 276. 379.
496. 620. 1014. 1053. 1161. 1258. Jul 126 et c. Summe 22].

$$\smile \times \mid \measuredangle \measuredangle \times .$$

Z. fearođhenჳestas. El 226; 538. 892. 1115. Cri 48.
312. 500. 685. [El 242. Jul 261. 529. Cri 1017].

3. Isoliert stehende Verse.

$$\measuredangle \mid \measuredangle \measuredangle \times .$$

Z. þréo niht siđđan (vielleicht zu Typus A) El 483.

$$\smile \times \mid \measuredangle \measuredangle \times$$

Z. ჳode nó syđđan. El 1302; Jul 291.

β. Die Nebentonsilbe ist kurz.

1. Die Senkung wird durch ein zweisilbiges Compositionsglied von der Form $\smile \times$ ausgefüllt.

$$\measuredangle \mid \measuredangle \smile \times .$$

Z. sum wóđbora. Cri 302.

$$\smile \times \mid \measuredangle \smile \times .$$

Z. fluჳon instæpes. El 127; 464. Cri 1594. [Jul 235].

2. Der zweite Fuss wird gebildet von Formen schwacher
Verba der zweiten Klasse mit langer Wurzelsilbe.

2 *a*. Prs.-Formen. Die Betonung derselben ist nicht sicher, und die betreffenden Halbverse sind vielleicht zum zweiten Untertypus dieses Grundtypus zu stellen.

$$\acute{-} \mid \acute{-} \smile \times .$$

Y. eard cunnian. Cri 1418.

Z. má rícsjan. El 434; 657. Jul 537. Cri 433. 772. 1207. 1277. [El 769. 1000. Cri 1615. 1633].

$$\smile \times \mid \acute{-} \smile \times .$$

Y. ӡode þonciađ. Cri 1256.

Z. stađol fæstniađ. Jul 654; Cri 773. 1081. 1137. 1384. [Jul 1. 445. 609. Cri 1287].

$$\acute{-} \mid \smile \times \smile \times .$$

. Z. forđ ađolian. Cri 1320; [El 427. 797. Jul 270. 364. 437. Cri 865].

$$[\smile \times \mid \smile \times \smile \times .$$

Z. hyӡe stađoljan. El 1094].

2 *β*. Prt. Sg.

$$\acute{-} \mid \acute{-} \smile \times .$$

Y. ýr ӡnornode. El 1260.

Z. wiđ þinӡode. El 77; 417. 1078. 1137. Jul 260. 283. 429. Cri 305. 327. 329. [Cri 1484].

$$\smile \times \mid \acute{-} \smile \times .$$

Z. mæӡen samnode. El 55; 60. 65. 345. 405. 463. 962. 1139. Jul 162. Cri 645. [El 1145. Jul 229. Cri 1118].

2 *γ*. Prt. Pl. Die Betonung dieser Formen ist wiederum zweifelhaft, und die betreffenden Halbverse sind demnach möglicherweise wieder dem zweiten Untertypus dieses Grundtypus zuzuweisen.

$$\acute{-} \mid \acute{-} \smile \times .$$

Z. æ leornedon. El 397; Jul 485. Cri 496.

$$\smile \times \mid \acute{-} \smile \times .$$

Z. werod samnodan. El 19; 38. 58. 135. 547. 883. 891. Jul 714. Cri 125.

$$[\smile \times \mid \smile \times \smile \times .$$

Z. hyӡe stađeladon. Cri 1358].

[3. Andre dreisilbige einfache Wörter im zweiten Fuss.

$\acute{-} \mid \acute{-} \breve{\smile} \times \cdot$

Z. módcwániʒe. El 877; Cri 813.

$\breve{\smile}\times \mid \acute{-} \breve{\smile} \times \cdot$

Y. mæʒenearfeðum. Cri 964.

$\breve{\smile}\times \mid \breve{\smile}\times \breve{\smile} \times \cdot$

Z. daʒa eʒeslicast. Cri 1022.]

4. Der zweite Fuss wird gebildet durch zwei selbstständige Wörter der Form $\acute{-}$ und $\breve{\smile} \times$.

4a. Die sicher hierher zu stellenden Belege.

$\acute{-} \mid \acute{-} \breve{\smile} \times \cdot$

Z. bil in dufan. El 122; Cri 1449.

$\breve{\smile}\times \mid \acute{-} \breve{\smile} \times \cdot$

Z. ʒeador bú samod. El 889; Jul 708. Cri 754
[Cri 876].

4β. Die Halbverse mit unsicherer Betonung, welche vielleicht dem Typ. A zugerechnet werden müssen.

$\acute{-} \mid \acute{-} \breve{\smile} \times \cdot$

Z. folc eal ʒeador. Jul 161; Cri 582.

$\breve{\smile}\times \mid \acute{-} \breve{\smile} \times \cdot$

Z. beran út þræce. El 45.

[b. Erweiterter Typus.

An den Typus DI schliesst sich an ein Halbvers der
Form $\times\times\times\times \mid \breve{\smile}\times \mid \acute{-} \acute{-} \times$.

Y. ábéodeð him ʒodes ærende. Cri 1670 (Streckvers)]·

II. Untertypus $\acute{-} \mid \acute{-} \times \grave{\times} \cdot$

a. Normaler Typus.

$\acute{-} \mid \acute{-} \times \grave{\times} \cdot$

Z. earn síð behéold. El 111; 803. Jul 62. 400. 581. 585.
Cri 38. 173. 1632. [El 29. 112. 784. 1270 (feoh æʒhwám
bið, mit unbetontem zweiten Gliede eines Compos.). Jul 549].

Glaublich ist nach S. Beitr. X diese Betonung auch in
dem Halbverse Z. léan æfter ʒeaf. Cri 473, den man sonst

auch wohl zu Typ. E. stellen könnte. Dagegen gehören nach Sievers wohl kaum hierher, sondern vielmehr zu Typ. E:

Z. bord oft onfénჳ. El 238; Cri 537. 1160. [Jul 709. Cri 542. 970].

ᵕ× | ᐟ ×× ·

Z. cyning þréate fór. El 51; 179. 422. 1077. 1190. Jul 628. Cri 540. 572. 744. 882. [El 52. 680. Cri 209. 516]. [Glaublich ist diese Betonung nach Sievers auch in: hreɗer innan wéoll. Cri 589]. Nach S. ist jedoch kaum hierher, sondern wohl mit Sicherheit zu Typ. E zu rechnen: cwide eft onhwearf. Cri 618. Nach S. ist ferner zweifelhaft, jedoch wahrscheinlich wohl zu Typ. E. gehörig: rodor eal ჳeswearc. El 856.

ᐟ | ᵕ× ×× ·

Z. cýɗ ricene nú. El 607.

[ᵕ× | ᵕ× ×× ·

Z. saჳa ricene mé. El 623].

' ᐟ | ᐟ× ᵕ× ·

Z. beorht éɗles wlite. Cri 1347.

b. Erweiterter Typus.

ᐟ | ᐟ××× ·

Z. folc ánra ჳehwylc. El 1287; Jul 675. Cri 112. 1026. [El 247. 849]. — [Glaublich ist nach S. diese Betonung auch in: word stunde áhóf. El 724].

ᵕ× | ᐟ××× ·

Z. hrefn weorces ჳefeah. El 110; 729. Cri 732. 1648.

[××× | ᐟ | ᐟ ××× ·

Z. nysses þu wéan æniჳne dæl. Cri 1385 (Streckvers)].

2. Verkürzter Typus ᐟ | ᵕ××.

ᐟ | ᵕ××·

Z. eorɗcyninჳa. El 1174; reordberende. Cri 381. 1025.

ᵕ× | ᵕ××·

Z. radorcyninჳes. El 624.

E. Grundtyp $\acute{\smile} \times \times \mid \acute{\smile}$.

Unter den 133 sicher zum Grundtypus E gehörigen Halbversen befindet sich nur ein einziger mit Auftakt. Derselbe
gehört einem Streckverse an. Die auftaktlosen Halbverse
gliedern sich sonst wohl in die beiden Untertypen $\acute{\smile} \overset{\backprime}{\times} \times \mid \acute{\smile}$
und $\acute{\smile} \times \overset{\backprime}{\times} \mid \acute{\smile}$. Der letztere, der im Bw. spurweise vor-
kommt, findet sich hier jedoch garnicht. Der erstgenannte
Untertypus spaltet sich wieder in einen normalen und einen
erweiterten Typus; und zwar besteht der normale Typus aus
115 Halbversen mit langer und einem mit kurzer Nebenictussilbe, während auf den erweiterten Typus nur 16 sichere
Belege kommen. Die Erweiterung besteht in Verdoppelung
respektive Verdreifachung der unbetonten Senkungssilbe
($\acute{\smile} \acute{\smile} \times \times \mid \acute{\smile}$ und $\acute{\smile} \acute{\smile} \times \times \times \mid \acute{\smile}$). Ausserdem finden sich
noch 8 Halbverse mit Verlängerung des zweiten Fusses um
eine unbetonte Silbe. Diese können jedoch nicht mit Sicherheit dem Grundtypus E zugerechnet werden; vielleicht gehören sie dem Grundtypus A an; 6 derselben haben kurze
($\acute{\smile} \smile \times \mid \acute{\smile} \times$), 2 dagegen lange Nebenictussilbe; der eine
dieser beiden zeigt gleichzeitig Verlängerung des ersten Fusses
um eine unbetonte Silbe ($\acute{\smile} \acute{\smile} \times \mid \acute{\smile} \times$ und $\acute{\smile} \acute{\smile} \times \times \mid \acute{\smile} \times$).
Im Bw. treten ausserdem noch 2 erweiterte Formen auf, die
man sowohl diesem wie dem Untertypus $\acute{\smile} \times \overset{\backprime}{\times} \mid \acute{\smile}$ anfügen
könnte, nämlich $\acute{\smile} \times \acute{\smile} \times \mid \acute{\smile}$ und $\acute{\smile} \times \acute{\smile} \times \times \mid \acute{\smile}$; nur die
erste Form findet sich einmal in der Jul.

Unter den Halbversen des Grundtypus E befinden sich
nur 3 mit gekreuzter Allitteration. Es sind normal gebaute
Halbverse mit langer Nebentonsilbe.

I. Ohne Auftakt.

a. Normaler Typus.

A. Die Nebentonsilbe ist lang.

α. Der erste Fuss besteht aus einem metrisch dreisilbigen
Worte.

$$\acute{\smile} \acute{\smile} \times \mid \acute{\smile}.$$

Y. ǽniȝne þonc. Cri 1498.

Z. 1. Mit Compos. im ersten Fuss: módsorᵹe wæᵹ. El
61; 66. 67. 655. 751. 794. 939. 984. Jul 19. 189. et c.
Summe 24. [El 490. 977. 1034. 1102. 1289. 1295. Jul 418.
Cri 399. 560. 834. 955.]

2. Mit einfachem Wort im ersten Fuss: bídende wæs.
El 484; Jul 7. 386. Cri 250. 273. 361. 704. 755. 959.
1011. et c. Summe 16. [El 448. 900. Jul 10. 308. Cri
481. 765].

$$\smile \times \stackrel{\smile}{\times} \mid \stackrel{\smile}{\cdot} .$$

Y. heofonríces weard. El 445; æðelinᵹa hléo. El 99.

Z. 1. Mit Compos. im ersten Fuss: beaduþréata mæst.
El 31; 197. 718. 847. 1125. 1261. Jul 212. 239. 495. 642.
et c. Summe 18. [Jul 168. 456]. Diesen Halbversen schliesst
sich an: ᵹodes þeᵹna blæd. Cri 710. [. VII. nihta fyrst.
El 694].

2. Mit einfachem Wort im ersten Fuss: æðelinᵹes wéox.
El 12; 886. 1198. Jul 730.

$$\stackrel{\smile}{\cdot} \times \mid \smile \times .$$

Z. 1. Mit Compos. im ersten Fuss: wísdómes ᵹife. El
596; 1301. Cri 403. 464. 926. 929. 1019. 1155. 1229. 1533.
1585. 1598. [Cri 873]. Diesen Halbversen lässt sich anschliessen: bearn éacen ᵹodes. Cri 205. [siex tída dæᵹes.
Jul 230].

2. Mit einfachem Wort im ersten Fuss: háliᵹre fæder.
Jul 61; 236. Cri 916. 1244. 1252. 1649. [El 265. 1274].

$$\smile \times \stackrel{\smile}{\times} \mid \smile \times .$$

Z. 1. Mit Compos. im ersten Fuss: heofonbýman stefn.
Cri 949; [Cri 1009].

2. Mit einfachem Wort im ersten Fuss: æðelinᵹes pleᵹa.
Cri 743; 1516.

$$\stackrel{\smile}{\cdot} \underset{\smile}{\times} \times \mid \stackrel{\smile}{\cdot} .$$

Z. Mit Compos. im ersten Fuss: hildeᵹesa stód. El 113;
Jul 514. Cri 887.

$$\smile \times \underset{\smile}{\smile} \times \times \mid \stackrel{\smile}{\cdot}$$

Z. Mit Compos. im ersten Fuss: heofoncininᵹes lof. El
748; 887.

[´ ⏑̆ × × | ⏑̆ × ·

Z. helwarena cyninȝ. Jul 544].

β. Der Halbvers beginnt mit einem metrisch zweisilbigen Worte.

´ ´ × | ´ ·

Z. Der Halbvers beginnt mit einem Compositum: fyrd- léoð áȝól. El 27; 78. 142. 342. Jul 615. Cri 42. 139. 446. 702. 786. 1529. [El 1156. Jul 209. Cri 1183. 1253].

⏑̆ × ´ × | ´ ·

Z. staðolfæst ne mæȝ. Jul 374.

´ ⏑̆ × × | ´ ·

Z. 1. Der Halbvers beginnt mit einem Compositum: bréostlocan onwand. El 1250; Jul 79. Cri 1605. [Cri 1458].

[2. Der Halbvers beginnt mit einem einfachen Wort: ȝléawlice þurhséon. Cri 1328].

[⏑̆ × ⏑̆ × × | ´ ·

Z. hreðerlocan onspéon. El 86].

´ ⏑̆ × × | ⏑̆ × ·

Z. 1. Der Halbvers beginnt mit einem Compositum: bócstafum áwriten. El 91; Cri 1123. 1243.

[2. Der Halbvers beginnt mit einem einfachen Wort: earfeðu swá some. Cri 1273].

γ. Der Halbvers beginnt mit einem metrisch einsilbigen Wort. Diese Fälle sind nach Sievers' Vorgange bereits unter Grundtypus D behandelt; es sind:

´ ´ × | ´ ·

El 238. Cri 587. 1160. [Jul 709. Cri 542. 970].

⏑̆ × ´ × | ´ ·

Cri 618.

B. Die Nebentonsilbe ist kurz. Der erste Fuss wird von einem metrisch dreisilbigen Wort gebildet, dessen zweite Silbe kurz ist.

´ ⏑̆ × | ´ ·

Z. 1. Mit Compos. im ersten Fuss: orȝeate þǽr. Cri 1328; [El 400. 656. Jul 589].

[2. Mit einfachem Wort im ersten Fuss: cáseres mæჳ. El 330; 669. Jul 626. Cri 693].

$$[\; \acute{-} \smile \times \mid \smile \times \;.$$

Z. 1. Mit Compos. im ersten Fuss: Rómwara cyninჳ. El 129.

2. Mit einfachem Wort im ersten Fuss: cáseres bodan. El 262; Cri 1346].

$$[\; \smile \times \smile \times \mid \smile \times \;.$$

Z. æðelduჳuð betast. Cri 1012].

b. Erweiterter Typus.

A. Erweiterung des ersten Fusses.

$$\acute{-} \; \acute{-} \times \times \mid \acute{-} \;.$$

Z. wælrúne ne máð. El 28; 486. 543. 619. 1290. Jul 470. Cri 231. 1664. [Jul 4].

$$\smile \times \acute{-} \times \times \mid \acute{-} \;.$$

Z. hyჳerúne ne máð. El 1099; Cri 494.

$$\acute{-} \; \acute{-} \times \times \mid \smile \times \;.$$

Z. andwyrde áჳifan. El 545; Cri 1027. 1280.

$$\smile \times \acute{-} \times \times \mid \smile \times \;.$$

Z. heofonríce áჳiefen. Cri 1260.

$$\smile \times \smile \times \times \times \mid \acute{-} \;.$$

Z. heofoncyninჳes bibod. Cri 1525.

$$\acute{-} \; \acute{-} \times \times \times \mid \acute{-} \;.$$

Z. ჳeornfulra þonne ic. Jul 324.

$$[\; \acute{-} \times \acute{-} \times \mid \acute{-} \;.$$

Z. unჳelíce wæs. Jul 688. Diese Form liesse sich auch dem Untertypus $\acute{-} \times \grave{\times} \mid \acute{-}$ zurechnen, der ja aber bei Cynewulf sonst nicht erscheint].

B. Verlängerung des zweiten Fusses um eine unbetonte Silbe. Die betreffenden Halbverse dürfen wohl kaum dem Typ. A zugerechnet werden.

1. Die Nebenictussilbe ist kurz.

$$\acute{-} \smile \times \mid \acute{-} \times \;.$$

Z. brimwudu snyrჳan. El 244; Jul 292. Cri 677. 708. 828. 1119. [Jul 14 Cri 486].

[⌣ × ⌣ × | ́ × .

Z. fírenbealu láðlic. Cri 1276].

2. Die Nebenictussilbe ist lang.

́ ̀ × | ́ × .

Z. éahstréam ne dorste. Cri 1168. [Cri 1436]. — Mit gleichzeitiger Verlängerung des ersten Fusses um eine unbetonte Silbe:

́ ̀ × × | ́ × ·

Z. ʒlædmód on ʒesihðe. Cri 911.

II. Mit Auftakt.

× × × | ́ ̀ × | ́. (Diese Form bezeichnet Luick als Grundtypus E[1]).

Z. ʒeaf ic þe lifʒendne ʒǽst. Cri 1382 (Streckvers); [Cri 890 (Streckvers)].

F. Grundtypus ́ × ́ × ́ × ·

Von den 4 Halbversen dieses Typus zeigen 2 ganz normale Bildung; der dritte hat Verdoppelung der ersten, der vierte-Verdoppelung der zweiten Senkungssilbe.

In den b-Halbversen des Bw. und der Jud. erscheint dieser Typus nicht. Alle 4 Belege haben einfache Allitteration; 3 derselben finden sich in Streckversen.

́ × ́ × ́ × ·

Z. læʒ on heardum stáne. Cri 1425 (Streckvers).

⌣ × × ́ × ́ × ·

Z. hyʒe weard monʒum blissad. Cri 1168 (Streckvers).

· ́ × × ́ × ́ × ·

Z. líf bútan endedéaðe. Cri 1653.

́ × ́ × × ⌣ × × .

Z. wrǽc mid déoflum ʒeþolian. Cri 1515 (Streckvers).

G. Reste.

Es bleiben 5 Halbverse übrig, die sich in das aufgestellte Schema nicht fügen und als mangelhaft überliefert betrachtet werden müssen. Für dieselben hat S. Beitr. X 453. 457. 458. 515. 517. 518 bereits passende Verbesserungen vorgeschlagen. Die betreffenden Halbverse mit diesen Verbesserungen lauten:

for éow(ic) forđ. El 318.

ac þæt wæs má(ra) cræft. Cri 421.

þé tó ʒeweald(e). Jul 86.

éades tó lýt(el). Cri 1401.

(for) oferþearfum. Cri 153.

Alle 5 haben einfache Allitteration.

[Auch der Halbvers: swá him sío cwén béad. El 378 ist bereits von S. Beitr. X 518 durch Einsetzung von bebéad richtig gestellt worden; vergl. dazu El 715. 980. 1018.

Statt des überlieferten: bæl fornimeđ. El 578 ist nach meiner Ansicht unzweifelhaft .bæl-fýr nimeđ zu lesen; vergl. tíonléʒ (déađléʒ) nimeđ. El 1279ᵇ· Cri 983ᵇ· Für bǽlfýr giebt Gn. Sp. 3 Belege; der eine derselben findet sich bei Cynewulf Jul 579.

Der Halbvers: hrá wæs on anbíde. El 885 ist in dieser Form ganz unmöglich; ebenso wenn man mit S. Beitr. X 506 anbide mit kurzem i ansetzen will. Mir scheint das Simplex bíde gesetzt werden zu müssen, für welches Gn. Sp. 2 Belege giebt. Durch das Versehen eines Schreibers konnte aus on bíde sehr leicht on anbíde entstehen.

swá þéos world eall ʒewíteđ. El 1277 mit Allitteration auf þéos ist unmöglich, wie schon S. Beitr. X 518 bemerkt. Wir haben hier offenbar einen a-Halbvers mit doppelter Allitteration vor uns.

Der Halbvers: cwæđ sío éadʒe mæʒ. Cri 87 repräsentiert in seiner überlieferten Fassung eine Versform, wie sie sich sonst in der zweiten Halbzeile nicht findet. Durch Änderung in éadmæʒ, welches Jul 352 handschriftlich bezeugt ist, würden wir eine im zweiten Halbverse zwar seltene aber doch durchaus nicht unerhörte Form erzielen. Für wahrscheinlicher halte ich jedoch nach Jul 105. 130. El 619, dass mæʒ ganz zu streichen ist.

Über frætwum ealles waldend. Cri 556 vergl. S. Beitr. X 515.

húru ic wéne me. Cri 789 ist metrisch anstössig, mag man nun húru mit langer oder mit kurzer erster Silbe ansetzen. Am wahrscheinlichsten ist mir, dass me entweder ganz zu streichen, oder aber vor wéne zu stellen ist; sonst könnte man es auch wohl in den folgenden Vers hinüberziehen, da es ja auch zu ondræde gehört. In dem Halbverse: earm bið se þe wile. Cri 1616 scheint Typus A mit Verkürzung der zweiten Hebung vorzuliegen, ohne dass durch einen Nebenictus in der ersten Senkung für diese Verkürzung Ersatz geschaffen wäre. Herr Prof. Konrath hat mich darauf aufmerksam gemacht, dass hier wohl wille zu setzen sei. Letzteres müsste dann als Opt. gefasst werden. Die dritte Person Ind. Prs. Sg. von willan nämlich findet sich in unseren 3 Texten unter 13 Fällen nur einmal mit ll, Cri. 818, und wahrscheinlich beruht dieser eine Ausnahmefall nur auf dem Versehen eines Schreibers, da sich zwei Verse vorher die für unseren Dichter mit ll gesicherte erste Person wille findet. Den Opt. dagegen gebraucht Cynewulf, wie wir unten sehen werden, mit ll. Will man bei der Ueberlieferung stehen bleiben, so wäre der Halbvers vielleicht zu lesen als ´× × ´ × | ‿×, eine Form die im Bw. und auch einmal in der Jul. vorkommt.

Diese zuletzt besprochnen 8 Halbverse haben einfache Allitteration].

II. Erste Halbzeile.

Die 2680 a-Halbverse, welche in unserer metrischen Untersuchung zur Behandlung kommen, verteilen sich auf die verschiedenen Grundtypen in folgender Weise:

		X.	Y.	Z.	Summe.
A. Grundtyp.	´× | ´×	663 (+1)	23	554 (+5)	1240(+6)
B. „	×´ | ×´	144	19	282	445
C. „	×´ | ‿×	46 (+1)	17	359(+21)	422(+22)
D. „	´ | ‿××	246(+66)	3	69 (+2)	318(+68)
E. „	´×× | ´	84	2	44	130
F. „	´×´×´×	19	—	—	19
G. Reste		4	—	6	10
Summe ...		1274	64	1342	2680

A. Grundtypus $\acute{-} \times \mid \acute{-} \times$.

Dieser Grundtypus zerfällt in 3 Hauptabteilungen. A I und A II umfassen die Halbverse mit Allitteration in der ersten oder in beiden Hebungen, A III diejenigen mit Allitteration in der zweiten Hebung. (Halbverse mit gekreuzter Allitteration gehören einem der beiden ersten Untertypen an, wenn die erste Hebung der ersten Vershälfte mit dem Hauptstabe allitteriert; sie gehören dem dritten Untertypus an, wenn die zweite Hebung des ersten Halbverses mit dem Hauptstabe durch Stabreim gebunden ist). Die 1240 sicheren Belege für den Grundtypus A bieten 663 Halbverse mit doppelter Allitteration, 256 Halbverse mit Allitteration in der ersten, 298 mit Allitteration in der zweiten Hebung; 23 Halbverse endlich haben gekreuzte Allitteration; 8 von ihnen fallen dem Untertypus A I, 15 dem Untertypus A III zu. — Der Untertypus A I entspricht dem normalen Typus A der zweiten Halbzeile; ihm liegen zu Grunde die beiden Formen $\acute{-} \times \mid \acute{-} \times$ ohne schwere Senkungssilben und $\acute{-} \times \mid \breve{\smile} \times$ mit schwerer Silbe in der Mittelsenkung. Der .Untertypus A II dagegen begreift diejenigen Halbverse der Form $\acute{-} \times \mid \acute{-} \times$ in sich, welche schwere Senkungssilben enthalten. Diese Form, welche im zweiten Halbverse verhältnismässig selten erscheint und dort als Licenz zu betrachten ist, ist im ersten Halbverse, wie aus ihrem häufigen Auftreten erhellt, zu typischer Ausbildung gelangt. Auf die schweren Senkungssilben sind hier Nebenicten zu legen.

I. Normaler Typus der zweiten Halbzeile.

Von den 843 sicheren Halbversen dieses Untertypus kommen 13 auf den verkürzten Typus $\acute{-} \grave{\times} \mid \breve{\smile} \times$; 830 auf den vollen Typus $\acute{-} \times \mid \acute{-} \times$. 70 der letzteren weisen einen Auftakt auf, der zwischen einer und fünf Silben variiert. Auch die Mittelsenkung der Halbverse des vollen Typus bewegt sich zwischen einer und fünf Silben. — In Bezug auf die Art der Allitteration ist zu bemerken, dass im vollen Typus die doppelte, im gekürzten die einfache überwiegt; und zwar finden sich im vollen Typus 582 Halbverse mit doppelter, 240 mit einfacher, endlich 8 mit gekreuzter Allitteration; im gekürzten Typus dagegen stehen 11 Halbverse mit einfacher, zweien mit doppelter Allitteration gegenüber.

a. Voller Typus $\angle \times \mid \angle \times$.

α. Ohne Auftakt.

$\angle \times \mid \angle \times$.

X. wízes wóma. El 19; 28. 80. 83. 106. 125. 149. 151. 162. 164. et c. Summe 146. [El 143. 174. 308. 503. 520. 899. 920. 991. 1083. 1086 et c. Summe 31].

Y. synna léasne. El 497; 810. Jul 254. Cri 1451. 1694.

Z. Húna léode. El 20; 38. 111. 128. 141. 161. 173. 191. 203. 247 et c. Summe 147. [El 8. 36. 79. 103. 145. 171. 403. 705. 989. 1000 et c. Summe 44].

$\smile \times \times \mid \angle \times$.

X. duჳuđa dryhten. El 81; 134. 236. 703. 752. 819. 1027. 1031. 1085. 1093 et c. Summe 27. [El 50. 841. Jul 262. 668. 705. Cri 113. 195. 461. 674. 689. 1420. 1649].

Z. hæleđa cynnes. El 188; 307. 347. 388. 450. 661. 671. 728. 753. 1204 et c. Summe 22. [El 85. 217. 346. 1140. Cri 1032].

$\angle \times \mid \smile \times \times \cdot$

X. ჳléawra ჳumena. El 638; 1023. 1038. Jul 639. Cri 285. 391. 951. [El 1239. Cri 956].

Y. déopra firena El 1314; Cri 158.

Z. úriჳfeđera. El 29; 893. 908. 963. 1281. 1304. 1319. 1321. Jul 27. Cri 1015. 1580.

$\angle \times \times \mid \angle \times \cdot$

X. mærđum ond mihtum. El 15; 30. 32. 41. 48. 49. 56. 57. 58. 65 et c. Summe 220. [El 23. 45. 52. 600. 613. 786. 871. 889. 993. 1082 et c. Summe 48].

Y. monna ჳehwylcum. Cri 431; [El 1179. Cri 1159. 1405].

Z. beorhte and léohte. El 92; 235. 303. 311. 319. 835. 385. 637. 649. 659 et c. Summe 41. [El 64. 498. 780. 793. 1192. 1283. 1320. Jul 42. 408. 662 et c. Summe 16].

$\check{\cup} \times \times \times \mid \acute{-} \times \cdot$

X. sweotole ʒesamnod. El 26; 168. 549. 679. 972. 982. 1012. 1129. 1162. 1205 et c. Summe 34. [El 620. 694. 1198. Jul 48. Cri 558. 984].

Z. beteran wiðbycʒʒe. El 618; 861. 1054. 1108. 1160. Cri 1617. [Jul 224].

$\acute{-} \times \times \mid \check{\cup} \times \times \cdot$

X. wintra for worulde. El 4; 131. 154. 351. 835. 867. 878. 919. 1059. 1153 et c. Summe 30. [El 66. 552. 740. Jul 385. 468. Cri 83. 1023. 1151. 1681].

[Z. miltse ʒefremede. El 501; Cri 20].

$\check{\cup} \times \times \times \mid \check{\cup} \times \times \cdot$

X. wuniað in worulde. Cri 598; [Jul 466].

$\acute{-} \times \times \times \mid \acute{-} \times \cdot$

X. sylfum on ʒesyhðe. El 184; 267. 274. 329. 364. 714. 751. 827. 897. 956 et c. Summe 41. [El 218. 625. 843. 891. 953. Jul 51. 87. 528. Cri 57. 76. 448. 1285].

Z. ealles oferwealdend. El 1236; Cri 1661. [Cri 1171].

$\check{\cup} \times \times \times \mid \acute{-} \times \cdot$

X. cleopade þá for corðre. Jul 618; Cri 622. [El 1290. Cri 1308. 1673].

$\acute{-} \times \times \times \mid \check{\cup} \times \times \cdot$

X. ríce under roderum. El 13; 46. 147. 631. 976. 1235. Jul 613. Cri 286. 331. 669. 1611. [Cri 883. 1441].

$\acute{-} \times \times \times \times \mid \acute{-} \times \cdot$

[X. hæbbe ic me tó hyhte. Jul 212; Cri 335].
Z. eorðan mid hire beorʒum. Cri 968.

$\acute{-} \times \times \times \times \mid \check{\cup} \times \times \cdot$

X. wende hine of worulde. El 440; [Cri 1011].

$\acute{-} \times \times \times \times \times \mid \acute{-} \times \cdot$

X. stópon þá tó þǽre stówe. El 716; Jul 425.

β. Mit Auftakt.

$\times \mid \stackrel{\angle}{} \times \mid \stackrel{\angle}{} \times \cdot$

X. on þysse þéode. El 539; Cri 311. 418. [El 581.
Cri 377. 591. 1088. 1111].
Z. þæt næniʒ óđer. Cri 324; 342. 880. [Cri 915].

$\times \mid \stackrel{\cup}{} \times \times \mid \stackrel{\angle}{} \times \cdot$

X. álesen tó láre. El 286; 325. Cri 373. 1201; [El
167. 196. Jul 191. 417. 581. Cri 668].

$\times \times \mid \stackrel{\angle}{} \times \mid \stackrel{\angle}{} \times \cdot$

[**X.** on þám frécnan fære. El 93; Cri 1122].
Z. þá þu ærest wære. Cri 355; [Cri 22. 1209].

$\times \times \mid \stackrel{\angle}{} \times \mid \stackrel{\cup}{} \times \times \cdot$

Z. on þás þéostran worulde. Cri 1410.

$\times \times \times \mid \stackrel{\angle}{} \times \mid \stackrel{\angle}{} \times \cdot$

[**X.** nyle he ænʒum ánum. Cri 683; 1666 (Streckvers)].
[**Y.** nu síe ʒeworden furđum. Cri 230].
Z. and éac þá ealdan wunde. Cri 1108; [El 163
(Streckvers)].

$\times \times \times \mid \stackrel{\cup}{} \times \times \mid \stackrel{\angle}{} \times \cdot$

X. ic wæs on worulde wædla. Cri 1496 (Streckvers.)

$[\times \times \times \times \mid \stackrel{\angle}{} \times \mid \stackrel{\angle}{} \times \cdot$

X. ne sindon him dæda dyrne. Cri 1850].

$\times \times \times \times \times \mid \stackrel{\angle}{} \times \mid \stackrel{\angle}{} \times \cdot$

X. þonne ʒe hy mid sibbum sóhtun. Cri 1360. [Cri 416].

$\times \mid \stackrel{\angle}{} \times \times \mid \stackrel{\angle}{} \times \cdot$

X. þurh hwæt đú đus hearde. El 400; 470. 490. 510.
617. 787. 823. 862. 994. 1120. et c. Summe 28. [El 34.
180. 1047. Jul 228. 670. Cri 225. 476. 502. 718. 1197·
1265. 1282. 1345].
[**Z.** in ceastra ʒehwære. El 973].

$\times \mid \stackrel{\cup}{} \times \times \times \mid \stackrel{\angle}{} \times \cdot$

X. ʒeloden under léafum. El 1227; 1313. Jul 497.
587. Cri 1179. [El 663. 1053. 1312. Jul 99. Cri 125.
207. 613. 1224].

× | ⏑ × × | ⏑̣ × × ·

X. áweahte for weorodum. El 782; Jul 711. Cri 722.

Z. þæs lifes ic maniʒe. Cri 1479.

× × | ⏑ × × | ⏑ × ·

Z. mid þý úsic álýsde. Cri 1100.

× × | ⏑ × × | ⏑̣ × × ·

X. swylce réc under radorum. El 804.

× × × × | ⏑ × × | ⏑ × ·

Z. ic þec ofer eorðan ʒeworhte. Cri 621 (Streckvers); 1461.

× | ⏑ × × × | ⏑ × ·

X. ʒeséʒe under sweʒle. El 75; 1065. 1272. Jul 144.
Cri 226. 562. [El 816. Cri 1307. 1314].

× | ⏑̣ × × × × | ⏑ ⏑ ·

X. onscunedon þone scíran. El 370; Cri 74. 1173.

× | ⏑ × × × × ⏑̣ × × ·

X. ʒefréode and ʒefreoðade. Jul 565; Cri 588. 1176.

× × × | ⏑ × ⏑ × | ⏑ × ·

X. forhwon áhénʒe þu me hefʒor. Cri 1488 (Streckvers).

× | ⏑ × × × × | ⏑ × ·

X. ásetton þá on ʒesyhðe. El 847.

b. **Verkürzter Typus** ⏑ ×̣ | ⏑̣ × ·

Die Senkung des ersten Fusses wird durch das zweite
Glied eines Compositums ausgefüllt.

⏑ ×̣ | ⏑̣ × ·

X. ʒealʒmód ʒuma. Jul 531; [Cri 1590].

Z. níðheard cyninʒ. El 195; 640. Jul 4. 661. Cri
1067. [El 747. 1141. Cri 340. 1033. 1271. 1321]. Diesen
Halbversen mit Compos. im ersten Fuss lässt sich mit nicht
ganz sicherer Betonung anschliessen:

sfd folc micel. Jul 692, ein Halbvers, den man auch als
⏑ | ⏑ ⏑̣ × mit einfacher Allitteration zu Typus D I stellen
könnte.

̆×̇×̇ | ̆×̇× ·

X. mæʒenfolc micel. Cri 877; [Cri 1581].

Z. beaduróf cyninʒ. El 152; 158. 481. 863. 1147. Cri 1301.

II. Durch Nebenicten gesteigerter Typus.

Unter den 84 sicheren Halbversen dieses Untertypus erscheinen 5 mit Auftakt, und zwar alle mit einsilbigem Auftakt, während sich unter den 5 hierher gehörigen Halbversen des Bw. auch einer mit zweisilbigem Auftakt befindet. Sowohl unsere wie die Auftakt-Halbverse des Bw. haben sämmtlich nur einen Nebenictus in der zweiten Senkung. In der Jud. kommen solche Halbverse überhaupt nicht vor.

Von den 79 auftaktlosen Halbversen haben 5 einen Nebenton in beiden Senkungen, 27 einen Nebenictus in der ersten, 47 einen solchen in der zweiten Senkung. — Bei Nebenton in zweiter Senkung besteht die erste Senkung aus einer bis vier Silben. — Formen, in denen die Nebenictussilbe der zweiten Senkung aufgelöst ist, werden wohl besser unter Grundtypus D II besprochen.

Die meisten Halbverse des Untertypus A II haben doppelte Allitteration; nur 5 auftaktlose Halbverse mit Nebenton in erster resp. zweiter Senkung zeigen nur einen Reimstab. Gekreuzte Allitteration findet sich garnicht.

a. Halbverse ohne Auftakt.

1. Nebenton in erster Senkung.

́×̇ | ́×̇ ·

X. ǽriht 6ower. El 375; 435. Jul 318. 390. 421. Cri 159. 302. 375. 670. 944. 1376. [Cri 35. 245. 1546].

Z. inwit-rúne. Jul 610; [El 1096].

̆×̇× | ́×̇ ·

X. siʒeróf sæʒde. El 437; Jul 329.

́×̇ | ̆×̇× ·

X. ʒúdweard ʒumena. El 14; 770. Jul 238. 464. [Jul 537].

$\acute{-} \smile \times | \acute{-} \times \cdot$

X. feorhcwale findan. Jul 573; Cri 678. 854. [Cri 812. 1537].

Z. andsware cýðan. El 318; Cri 636.

$\smile \times \smile \times | \acute{-} \times \cdot$

Z. ʒodes bodan sæʒdon. Cri 1305.

$\acute{-} \smile \times | \smile \times \times \cdot$

X. campwudu clynede. El 51; 201. Cri 1002.

2. Nebenton in zweiter Senkung.

$\acute{-} \times | \acute{-} \grave{\times} \cdot$

X. eorlum árfæst. El 12; 53. 73. 223. 334. 844. Jul 6. 264. 277. 351. Cri 457. 572. 981. [El 731. 925. 942. Jul 352. 387. 546. Cri 1408].

Z. lífes wísdóm. Cri 1552.

$\smile \times \times | \acute{-} \grave{\times} \cdot$

X. mæʒn ond módcræft. El 408; Jul 244. Cri 666. [El 258. 331. Jul 113. Cri 253. 308. 424].

$\acute{-} \times | \smile \times \grave{\times} \cdot$

X. ʒrápum ʒryrefæst. El 760; 1172. Jul 61. 131. 227. 595. Cri 1019. 1280. 1524. 1565. 1613. [El 524].

$\acute{-} \times \times | \acute{-} \grave{\times} \cdot$

X. þinʒode þrohtherd. El 494; 806. Jul 141. 432. 700. Cri 92. 306. 826. 1071. [El 207. Cri 46. 975].

$\smile \times \times \times | \acute{-} \grave{\times} \cdot$

X. brecan ofer bæðweʒ. El 244; Jul 598. Cri 605.

$\acute{-} \times \times | \smile \times \grave{\times} \cdot$

X. méðe ond meteléas. El 612; 698. Jul 14. 674. Cri 1529. [El 260. 998].

$[\acute{-} \times \times \times | \acute{-} \grave{\times} \cdot$

X fæʒre ymb þæt frumbearn. Cri 507].

$\acute{-} \times \times \times | \smile \times \grave{\times} \cdot$

X. ʒáras ofer ʒeolorand. El 118.

$$\underline{}' \times \times \times \times \mid \underline{}' \overset{.}{\times} \cdot$$

X. wurde þu þæs ʒewitléas. Cri 1473.

3. Nebenton in beiden Senkungen.

$$\underline{}' \overset{.}{\times} \mid \underline{}' \overset{.}{\times} \cdot$$

X. ʒúdheard ʒárþríst. El 204; Jul 593. Cri 358. 1421.

$$\underline{}' \overset{.}{\times} \mid \overset{\smile}{} \times \overset{.}{\times} \cdot$$

X. sóðfæst siʒorbeorht. Cri 10.

Hier findet auch wohl am besten ihre Stelle die Form $\underline{}' \overset{.}{\times} \times \mid \overset{\smile}{} \times \overset{.}{\times}$, die man sonst auch dem gesteigerten Typus E anschliessen könnte:

X. ânræd and yreþweorʒ. Jul 90. Im Bw. finden sich 8 Halbverse dieser Form.

b. Halbverse mit Auftakt.

$$\times \mid \underline{}' \times \mid \underline{}' \overset{.}{\times} \cdot$$

X. ʒeswearc þá swídferð. Jul 78; Cri 999.

$$[\times \mid \overset{\smile}{} \times \times \times \mid \underline{}' \overset{.}{\times} \cdot$$

X. onʒitaþ hira ʒóddénd. El 359].

$$\times \mid \underline{}' \times \times \mid \overset{\smile}{} \times \overset{.}{\times} \cdot$$

X. áhlóʒ þá se hererinc. Jul 189; 441.

$$\times \mid \overset{\smile}{} \times \times \times \times \mid \overset{\smile}{} \times \overset{.}{\times} \cdot$$

X. ʒesweotula nu þurh searocræft. Cri 9.

III. Allitteration im zweiten Fuss.

Was die Belege für diesen Typus betrifft, so sind bei vielen derselben über die Lage der ersten Hebung verschiedene Ansichten möglich; ich habe mich daher bei der Gruppierung derselben von meinem persönlichen Gefühle leiten lassen müssen; in Übereinstimmung mit S. Beitr. X 283 erscheint auch mir fast stets die Anfangssilbe als die naturgemässeste Trägerin des ersten Ictus. — Für den vollen Typus $\underline{}' \times \mid \underline{}' \times$ bieten unsere 3 Denkmäler 313 Belege. Für den gekürzten Typus $\underline{}' \times \mid \overset{\smile}{} \times$ dagegen haben wir nur 4 unsichere Beispiele; dieselben haben einfache Allitteration und kein Compositum am Schluss. — Die Halbverse des vollen Typus haben ein- bis fünfsilbige Mittelsenkung. Unter ihnen sind

290 auftaktlose; 11 davon mit Compos. am Schluss. Die 23 Auftakt-Halbverse haben meistens einsilbigen, ausnahmsweise auch zweisilbigen Auftakt. — 15 der Halbverse des vollen Typus, alle ohne Compositum am Schluss, haben gekreuzte Allitteration.

Mit v werden im folgenden die Halbverse bezeichnet werden, welche kein Compos. am Schluss haben, mit φ dagegen diejenigen mit Compos. am Ende.

a. Voller Typus $\perp \times | \perp \times$ ·

1. Halbverse ohne Auftakt.

$\perp \times | \perp \times$ ·

$v.$

Y. þæt him sylfum. Jul 407.

Z. hwær se þéoden. El 563; 783. Jul 216. 357. Cri 352. 423. 1098. 1432. 1445. 1583. [Cri 920. 965].

$\varphi.$

Z. þær he ʒlædmód. Jul 91.

$\perp \times | \smile \times \times$ ·

$v.$

Z. dus mec fæder mín. El 528.

$\perp \times \times | \perp \times$ ·

$v.$

Y. héo wæron stearce. El 565; Jul 458. Cri 600. 1498.

Z. þá weard on slæpe. El 69; 105. 144. 159. 160. 194. 234. 248. 256. 264 et c. Summe 110. [El 1. 172. 313. 496. 536. 555. 619. 691. 929. Jul 214 et c. Summe 23.]

$\varphi.$

Z. þæt mé þæt ʒoldhord. El 791; Jul 578. 720. Cri 2. 328. [Jul 30. Cri 27. 961].

$\smile \times \times \times | \perp \times$ ·

$v.$

Y. feala mé se hælend. El 912; [El 910].

Z. hyre þá þurh yrre. Jul 117; 429. Cri 481. 963. 1027. 1520. 1691. [Cri 256. 571].

$- \times \times | \overset{\smallsmile}{\times} \times \cdot$

v.

Z. þá wæs se weliʒa. Jul 38; 164. 299. Cri 378. 559. 1280. 1299. [El 402. 1161. 1168. Jul 60. 253. Cri 561].

φ.

Z. þæt ʒé swá moniʒfeald. El 644.

$[\overset{\smallsmile}{\times} \times \times | \overset{\smallsmile}{\times} \times \cdot$

v.

Z. utan ús tó fæder(e). Cri 773].

$- \times \times \times | \overset{\prime}{-} \times \cdot$

v.

Y. ǽrþan mé ʒefylle. El 1084; Jul 57. 372. Cri 817. 844. 964. 1256.

Z. éodan ðá mid menʒo. El 877; 411. 415. 441. 457. 511. 522. 526. 566. 576. et c. Summe 95. [El 324. 420. 1014. 1070. Jul 55. 149. 290. 332. Cri 301. 362 et c. Summe 23].

φ.

Z. hú hé swá ʒeléafful. El 960; 1048. Jul 285. [El 254. 495. Cri 289].

$\overset{\smallsmile}{\times} \times \times \times | - \times \cdot$

φ.

Z. þonan ús ǽr þurh synlust. Cri 269.

$- \times \times \times | \overset{\smallsmile}{\times} \times \cdot$

v.

Z. þéah ic ǽr mid dysiʒe. El 707; 979. 1273. Jul 85. 570. Cri 307. 627. 819. 1258. 1346. 1635. [Cri 526].

$\overset{\smallsmile}{\times} \times \times \times | \overset{\smallsmile}{\times} \times \cdot$

v.

Z. þone ic ǽr on firenum. El 909.

$- \times \times \times \times | - \times \cdot$

v.

Y. swylce hi me ʒebléndon. Cri 1438.

Z. hú wolde þæt ʒeweorðan. El 456; 468. 571. 601. 965. 1080. Jul 10. 134. 606. Cri 758. et c. Summe 17. [El 711. Jul 325. 438. Cri 304. 1576].

$$\smile_{\underset{\sim}{\times}}\times\times\times\times\,|\,{-}\times\,\cdot$$

v.

Z. utan ús tó þǽre hýðe. Cri 865.

$$-\times\times\times\times\,|\,\smile_{\underset{\sim}{\times}}\times\,\cdot$$

v.

Z. þára þe ic ʒefremede. Jul 354; Cri 799. [El 818].

$$-\times\times\times\times\times\,|\,{-}\times\,\cdot$$

v.

Z. ac þæt he úsic ʒeferʒe. Cri 345; 990. 1324.

2. Halbverse mit Auftakt.

$$[\times\,|\,{-}\times\,|\,{-}\times\,\cdot$$

v.

Z. þe éow of werʒðe. El 295; 660. Jul 122. Cri 1205].

$$\times\,|\,\smile_{\underset{\sim}{\times}}\times\,|\,{-}\times\,\cdot$$

v.

Z. se hine ʒelǽrde. Jul 574.

$$\times\,|\,{-}\times\times\,|\,{-}\times\,\cdot$$

v.

Y. næs æniʒ þæs módiʒ. Jul 513.

Z. ne þearft ðú swá swíðe. El 940; Jul 638. Cri 13. 45. 525. 656. 779. 1356. 1463. 1684. [El 931. Cri 1106. 1253. 1292].

[φ.

Z. ʒeséoð nu þá feorhdolʒ. Cri 1455].

$$[\times\,|\,\smile_{\underset{\sim}{\times}}\times\times\,|\,{-}\times\,\cdot$$

v.

Z. ʒewitan him þá ʒonʒan. Cri 533].

$$\times\,|\,{-}\times\times\,|\,\smile_{\underset{\sim}{\times}}\times\,\cdot$$

v.

Z. and næniʒ bihelan mæʒ. Cri 1311.

$$\times\,|\,{-}\times\times\times\,|\,{-}\times\,\cdot$$

v.

Z. on hwylcum þára béama. El 851; 858. Cri 498. 654. [El 860. Cri 30. 1293].

$$\times \mid \stackrel{\prime}{-} \times \times \times \mid \stackrel{\smile}{\underset{\smile}{\times}} \times \cdot$$

v.

Z. ne meahton him swá disi3e. El 477.

$$\times \mid \stackrel{\prime}{-} \times \times \times \times \mid \stackrel{\prime}{-} \times \cdot$$

v.

Z. and úsic þonne 3eséce. Cri 254; 330.

$$\times \mid \stackrel{\smile}{\underset{\smile}{\times}} \times \times \times \times \times \mid \stackrel{\prime}{-} \times \cdot$$

v.

Z. ne ma3on hi þonne 3ehýnan. Cri 1525.

$$[\times \mid \stackrel{\prime}{-} \times \times \times \times \times \mid \stackrel{\prime}{-} \times \cdot$$

v.

Z. on3inneð þonne tó þám yflum. Cri 1863].

$$\times \mid \stackrel{\prime}{-} \times \times \times \times \times \mid \stackrel{\smile}{\underset{\smile}{\times}} \times \cdot$$

v.

Z. ne þurfon hi þonne tó meotude. Cri 1366.

$$\times \times \mid \stackrel{\prime}{-} \times \mid \stackrel{\prime}{-} \times \cdot$$

v.

Z. mid hú micle elne. Cri 1318; [Cri 851. 1678].

b. Verkürzter Typus $\stackrel{\prime}{-} \times \mid \stackrel{\smile}{} \times$.

In unseren 3 Denkmälern finden wir 4 hierher gehörige Stellen:

$$\stackrel{\prime}{-} \times \times \mid \stackrel{\smile}{} \times \cdot$$

Z. hwæt! mec mín fæder. Jul 321.

$$\stackrel{\prime}{-} \times \times \times \mid \stackrel{\smile}{} \times \cdot$$

Z. hwæt éow þæs on sefan. El 532; hwæt him þæs on sefan. El 1165; þæt ic þe for lufan. Cri 1471. — Alle diese 4 Halbverse lassen sich allenfalls auch dem seltenen Typus B mit Allitteration im zweiten Fuss zuweisen, der unter G besprochen werden wird; namentlich gilt dies für die erste Stelle, Jul 321; man vergleiche dazu:

morðres mánfréa. | hwæt! þu mec þréades. Jul 546, wo ja durch die Allitteration bewiesen wird, dass die erste Hebung des zweiten Halbverses nicht auf hwæt, sondern auf mec ruht.

B. Grundtypus ⤫ ⸜ | ⤫ ⸜ .

Die Eingangssenkung steigt von einer bis zu sechs Silben. Die Mittelsenkung ist im allgemeinen ein- oder zweisilbig, nur in 2 Fällen dreisilbig. 4 der 445 Halbverse dieses Typus haben das zweite Glied eines Compos. in der Mittelsenkung, sind aber natürlich wieder ohne Nebenictus zu lesen. 282 Halbverse haben einfache, 144 doppelte, 19 gekreuzte Allitteration.

I. Nicht mit zweiten Gliedern von Compositis in der Mittelsenkung.

× ⸜ | × ⸜ .

X. on wuldres weard. El 84; 381. 459. 616. 626. 904. 1287. Jul 413. 471. 521 et c. Summe 23. [El 1071. Jul 678. Cri 1169].

Y. ácenned weard. El 5; 178. 374. Cri 787. 869. [El 250. 445. 914].

Z. in middangeard. El 6; 16. 102. 129. 206. 281. 336. 345. 383. 480. et c. Summe 60. [El 262. 272. 353. 373. 718. 856. 988. 999. 1013. 1225. et c. Summe 19].

× ⌣ × | × ⸜ .

Y. ymb ȝeofenes stæd. El 227].

Z. þurh meotodes ést. El 986; Jul 294. Cri 369. 1182.

× ⸜ | × ⌣ × .

X. wið þeoda þræce. El 185; 199. 376. 809. 1058. 1157. 1302. Jul 215. 311. 316. et c. Summe 22.

Z. þurh fyrnȝewrito. El 155; 833. Jul 125. 428. 637. 659. Cri 620. 845. 929. 1113. 1343. 1352. [El 211. Jul 545. Cri 43. 569. 1544].

[× ⌣ × | × ⌣ × .

Z. on roderum wesan. Cri 1469].

× × ⸜ | × ⸜ .

X. þurh þæs hálȝan hæs. El 86; 91. 117. 230. 315. 350. 483. 486. 597. 684. et c. Summe 32. [El 742. 1184. Jul 608. Cri 180. 577. 1374. 1675].

Y. ðonne dryhten sylf. El 1280; Cri 16. 100. 1064. 1090. [Jul 530].

Z. swylce. XXX. éac. El 3; 212. 239. 305. 344. 365. 422. 434. 446. 462. et c. Summe 80. [El 205. 214. 839. 429. 466. 507. 541. 664. 773. 817. et c. Summe 40].

$\times \times \overset{\smile}{\underset{\smile}{\times}} \mid \times \overset{\prime}{-} \cdot$

X. þæt þám weliჳan wæs. Jul 569; 722. Cri 1592. [El 39. 153. Cri 989].

Z. hú on worulde ǽr. El 561; 1201. Jul 58. 98. 209. Cri 60. 353. 628. 1070. [El 60. 193. 358. 662. 870. 1051. Jul 175. Cri 39. 455. 1181].

$\times \times \overset{\prime}{-} \mid \times \overset{\smile}{\underset{\smile}{\times}} \cdot$

X. hiere sylfre suna. El 222; 764. 1200. Jul 79. 375. Cri 12. 109. 251. 318. 339. et c. Summe 20. [El 832. Jul 590. Cri 645. 998].

Y. þá þurh hléoðorcwide. Cri 450; 833.

Z. under þéosterlocan. El 485; 708. 712. 772. 834. 839. 1303. Jul 31. 121. 199 etc. Summe 23. [El 342. Cri 1249. 1260].

$\times \times \overset{\smile}{\underset{\smile}{\times}} \mid \times \overset{\smile}{\underset{\smile}{\times}} \cdot$

X. under radores ryne. El 795; Jul 289. Cri 136. 215. 1682.

Z. þætte heofones cyninჳ. Cri 1589.

$\times \times \times \overset{\prime}{-} \mid \times \overset{\prime}{-} \cdot$

X. ჳewát þá heriჳa helm. El 148; Cri 768. 1518. 1532. [El 1255. Cri 519].

Y. mid þám on róde wæs. El 1067; Cri 246.

Z. ond hú on ჳalჳan wearð. El 179; 198. 486. 687. 971. Jul 174. 203. 303. 334. Cri 169 et c. Summe 18. [El 1076. Cri 1233. 1528].

$\times \times \times \overset{\smile}{\underset{\smile}{\times}} \mid \times \overset{\prime}{-} \cdot$

[X. ჳemunað wiჳena wyn. Jul 641].

Z. sé ðǽre æðelan sceal. El 645; 602. Cri 1383. [Jul 126].

$\times \times \times \overset{\prime}{-} \mid \times \overset{\smile}{\underset{\smile}{\times}} \cdot$

[X. in þǽre beorhtan byriჳ. El 822; Jul 67].

Y. þe ic onbryrdan mæʒe. Jul 396.

Z. þone áhanʒnan cyninʒ. El 934; Jul 163. Cri 80.
221. 314. 321 766. 840. 862. 1062 et c. Summe 14. [Cri
542. 783. 1344].

$$\times\times\times \; \smile\times \mid \times \; \smile\times \cdot$$

Z. þám þǽr mid flrenum cumað. Cri 921.

$$\times\times\times\times \overset{\prime}{-} \mid \times \overset{\prime}{-} \cdot$$

Z. þæt ic þisse nóðe wæs. Jul 343; Cri 261. 322.
624. 1384. [Cri 1168].

$$\times\times\times\times \smile\times \mid \times \overset{\prime}{-} \cdot$$

Z. forhwan þu þæt seleʒescot. Cri 1481; [Cri 1254].

$$\times\times\times\times \overset{\prime}{-} \mid \times \; \smile\times \cdot$$

X. þæt hy him in wuldre witon. Cri 1244.

Z. ðe þone áhanʒnan cyninʒ. El 453.

$$\times\times\times\times\times \overset{\prime}{-} \mid \times \overset{\prime}{-} \cdot$$

Z. léton þá ofer fífelwǽʒ. El 237; Cri 129.

$$\times\times\times\times\times\times \overset{\prime}{-} \mid \times \overset{\prime}{-} \cdot$$

Z. þæs þe he on þone hálʒan béam. Cri 1094.

$$\times \overset{\prime}{-} \mid \times\times \overset{\prime}{-} \cdot$$

X. in wíta forwyrd. El 765; Jul 556. Cri 40. 316.
793. 1039. 1494.

Y. from déaðe árás. Cri 467.

Z. on clǽnra ʒemanʒ. El 96; 120. 187. 774. 1060.
Jul 805. 420. Cri 223. 1242. 1437. 1529. [Jul 679. Cri
298. 351. 1416].

$$\times \; \smile\times \mid \times\times \overset{\prime}{-} \cdot$$

X. on heofona ʒehyld. Cri 545.

$$\times \overset{\prime}{-} \mid \times\times \; \smile\times \cdot$$

X. mid fǽcne ʒeflce. El 577; 1207. Jul 301. Cri 748.
1663. [Cri 61].

Y. ond worda swá same. El 1284.

Z. of róde áhæfen. El 482; Jul 177. Cri 940.

$$\times \; \smile\times \mid \times\times \; \smile\times \cdot$$

X. þurh heofona ʒehleodu. Cri 905.

$$\times \times \underline{\prime} \mid \times \times \underline{\prime} \cdot$$

X. þær wæs borda ʒebrec. El 114; 933. 1246. Jul 82. 728. Cri 50. 665. [El 426. 949. 954. 1121. Cri 38. 1017. 1082].

Y. þíne béne onsend. El 1089; Cri 29.

Z. ðá þæs fricʒʒan onʒan. El 157; 183. 409. 569. 598. 645. 654. 790. 1032. 1094. et c. Summe 21. [Cri 47. 496. 522].

$$\times \times \underset{\smile}{\smile} \times \mid \times \times \underline{\prime} \cdot$$

[**X.** nu ʒe sweotule ʒeséoð. Cri 512].

Z. ac þe firina ʒehwylc. Cri 56.

$$\times \times \underline{\prime} \mid \times \times \underset{\smile}{\smile} \times \cdot$$

X. þurh þín wuldor inwriʒe. El 813; Jul 388. Cri 827. 1170.

Z. sume up sume niðer. Cri 960.

$$\times \times \underset{\smile}{\smile} \times \mid \times \times \underset{\smile}{\smile} \times \cdot$$

X. ofer heofona ʒehlidu. Cri 518.

$$\times \times \times \underline{\smile} \mid \times \times \underline{\prime} \cdot$$

X. þára þe wíf oððe wer. El 508; Cri 568. 991. [El 68].

Z. þonne æt sæcce mid þý. El 1178; Cri 894. 1172. [Jul 345. Cri 1109].

$$\times \times \times \underline{\prime} \mid \times \times \underset{\smile}{\smile} \times \cdot$$

X. ond him on healfa ʒehwone. Cri 928; 1112.

Z. forþon ic léofra ʒehwone. Cri 816; 1110. 1400.

$$[\times \times \times \times \underline{\prime} \mid \times \times \underline{\prime} \cdot$$

X. þæs þe hy swá fæʒre ʒeféan. Cri 1295].

$$\times \times \times \times \times \underline{\prime} \mid \times \times \underline{\prime} \cdot$$

X. þone ic fore folce onfénʒ. Cri 1440.

$$\times \times \times \times \times \underset{\smile}{\smile} \times \mid \times \times \underline{\prime} \cdot$$

Z. þonne he ofer weoruda ʒehwylc. Cri 1335.

$$\cdot \times \times \underline{\prime} \mid \times \times \times \overset{\bullet}{\underline{\prime}} \cdot$$

Z. ne mæ ʒæfre ofer þæt. El 448.

II. Mit zweiten Gliedern von Compositis in der Mittelsenkung.

Wie in der zweiten Halbzeile, so sind auch hier Halbverse mit mehrsilbiger Mittelsenkung kaum dem Typus E mit
Auftakt, sondern unbedenklich dem Typus B zuzurechnen.

$$\times \; \underline{\acute{}} \mid \times \; \underline{\acute{}} \; .$$

X. hú árfæst is. El 512.

$$\times \times \; \underline{\acute{}} \mid \times \; \underaccent{\smile}{\acute{}} \times \; .$$

X. þis is sinӡal sacu. El 906.
Z. þe þín frumcyn mæӡe. Cri 241.

$$[\times \times \; \underline{\acute{}} \mid \times \times \; \underaccent{\smile}{\acute{}} \times \; .$$

Z. þéah wé æbylӡð wið hine. El 513].

$$[\times \times \times \; \underline{\acute{}} \mid \times \times \; \underline{\acute{}} \; .$$

Z. for þære onsýne béoð. Cri 1020].

$$\times \times \; \underline{\acute{}} \mid \times \times \times \; \underline{\acute{}} \; .$$

Z. þe þes léodscype mid him. Jul 208.

C. Grundtypus $\times \; \underline{\acute{}} \mid \underaccent{\smile}{\acute{}} \times \; .$

Die Eingangssenkung der Halbverse dieses Typus ist
ein- bis sechssilbig. Wir haben im ganzen 422 Belege, darunter 2 mit dem zweiten Gliede eines Compositums in der
Schlusssenkung, das aber natürlich wieder ohne Nebenton zu
lesen ist.

Der Grundtypus spaltet sich in einen vollen Typus
$\times \; \underline{\acute{}} \mid \underline{\acute{}} \times$ und in einen gekürzten Typus $\times \; \underline{\acute{}} \mid \underaccent{\smile}{} \times$; auf
ersteren entfallen 243, auf letzteren 179 Halbverse. 46
unserer Halbverse zeigen doppelte, 359 einfache, 17 gekreuzte
Alliteration. — Diejenigen Belege, bei welchen der zweite
Ictus auf einer volltonigen Silbe ruht, verzeichne ich wieder
unter v, diejenigen, bei denen er auf einer nebentonigen Silbe
ruht, unter w.

α. Nicht mit zweiten Gliedern von Compos. in der Schlusssenkung.

I. Voller Typus $\times \; \underline{\acute{}} \mid \underline{\acute{}} \times$

$$\times \; \underline{\acute{}} \mid \underline{\acute{}} \times \; .$$

X.

[v. þurh þrym þréað. Cri 1024, die contrahierte Form þréað ist aufzulösen (S. Beitr. X 477); 1029].

w. of carcerne. El 715; Jul 233. Cri 735. [El 943].

Y.

v. of cildháde. El 915.

Z.

v. on néaweste. El 67; 241. 297. 354. 546. 650. 657. 741. 874. 930 et c. Summe 26. [El 472. 668. 688. Jul 330. 450. Cri 996. 1373. 1543. 1632].-

w. wið hetendum. El 18 (vergl. Beitr. X 487); 177. 299. 323. 745. 821. 1123. 1125. Jul 338. 663 et c. Summe 19. [El 186. 216. 278. 328. 484. 529. 1203. Jul 115. 128. 152 et c. Summe 18].

$$\times \overset{\smile}{}\times \mid \overset{\_}{}\times \cdot$$

X.

v. tó flote fýsan. El 226; 232. 253. 382. 424. 474. 885. 1149. 1169. Jul 77 et c. Summe 16. [El 937. Jul 533. Cri 42. 293].

Y.

v. for werodléste. El 63; Cri 1501.

Z.

v. on herefelda. El 126; 137. 140. 242. 290. 330 399. 505. 521. 537 et c. Summe 25. [El 756. 1109].

w. þám æðelestan. El 1144; Cri 521. [El 277].

$$\times \overset{\_}{}\mid \overset{\smile}{}\times \times \cdot$$

[X.

v. onȝéan ȝyrede. Cri 1167].

Z.

v. æt sæfearoðe. El 251.

$$\times \overset{\smile}{}\times \mid \overset{\smile}{}\times \times \cdot$$

X.

v. in woruld weorulda. El 452; Cri 778.

Z.

v. tó cwale moniȝe. El 499; Jul 509.

$$\times \times \overset{\prime}{-} \mid \overset{\prime}{-} \times \cdot$$

X.

v. oðde ʒoldʒimmas. El 1114; Jul 511. Cri 818. [Cri 913. 1231. 1634].

Y.

v. æt þám dægweorce. El 146; Cri 216.

Z.

v. ond þé sorʒléasra. El 97; 229. 306. 396. 460. 630. 746. 935. 969. 1034 et c. Summe 38. [El 82. 132. 266. 947. Jul 120. 124. 145. 147. 308. 331 et c. Summe 21].

w. ðá wæs módiʒra. El 138; 169. 245. 389. 739. 984. 1110. 1234. 1275. Jul 94 et c. Summe 33. [El 397. 533. 607. 932. 977. 1166. 1210. Jul 340. 456. 572 et c. Summe 18]. Auch: ofer burʒenta. El 31 ist wohl zu w zu stellen.

$$\times \times \overset{\smile}{-}\!\!\times \mid \overset{\prime}{-} \times \cdot$$

X.

v. him beforan ferjan. El 108; Jul 188. Cri 1131. 1442. [El 78. Cri 1598].

Z.

v. on þám heresíðe. El 133; 249. 265. 269. 363. 444. 550. 636. 656. 675 et c. Summe 29. [El 515. Jul 218. 713. Cri 19. 419. 950. 959].

w. mid þám æðelestum. El 1025.

$$\times \times \overset{\prime}{-} \mid \overset{\smile}{-}\!\!\times \times \cdot$$

[X.

v. þurh ʒefeoht fremedon. El 646].

Z.

v: hwǽr séo ród wuniʒe. El 624; [Cri 731].

$$\times \times \overset{\smile}{-}\!\!\times \mid \overset{\smile}{-}\!\!\times \times \cdot$$

[X.

v. tó ʒeflite fremede. Jul 484].

Z.

v. for þám heremæʒene. El 170; 367. Cri 148.

$$\times \times \times \overset{\prime}{-} \mid \overset{\prime}{-} \times \cdot$$

X.

v. swá he his weorc weorðað. Cri 691; 1394.

Y.

v. swá ic þe bilwitne. Jul 278.

Z.

v. hyre se wræcmæcʒa. Jul 260; 319. 439. Cri 638.
696. 1413. [Jul 633. Cri 422].

w. on þǽre ʒrimmestan. Jul 204; Cri 505. 923. 1398.
[Cri 902. 1294. 1579].

$$\times \times \times \overset{\smile}{\underset{\smile}{\times}} \mid \overset{\,\prime}{} \times \cdot$$

Z.

v. þúhte him wlitescýne. El 72; 621. 1259. Jul 366.
Cri 564. 1246. [El 784].

w. ofer þám æðelestan. El 733; Jul 37.

$$\times \times \times \overset{\smile}{\underset{\smile}{\times}} \mid \overset{\smile}{\underset{\smile}{\times}} \times \cdot$$

X.

v. ne ʒeald hé yfel yfele. El 493; [Cri 643]. //

$$\times \times \times \times \overset{\,\prime}{} \mid \overset{\,\prime}{} \times \cdot$$

Z.

v. ʒeséʒon hy ælbeorhte. Cri 506; 924. 1287. [Jul 730.
Cri 73. 1519].

$$\times \times \times \times \overset{\smile}{\underset{\smile}{\times}} \mid \overset{\,\prime}{} \times \cdot$$

Z.

v. forþon he his bodan sende. Cri 1152.

$$\times \times \times \times \times \overset{\,\prime}{} \mid \overset{\,\prime}{} \times \cdot$$

Z.

v. þæt hy mótan his ætwiste. Cri 392.

II. Gekürzter Typus $\times \overset{\,\prime}{} \mid \overset{\smile}{} \times \cdot$

$$\times \overset{\,\prime}{} \mid \overset{\smile}{} \times \cdot$$

X.

v. onʒéan ʒramum. El 43; 447. Jul 341. 547. 628.
671. Cri 482. 1619. 1637.

[w. þurh léaslice. Cri 1297].

Y.

v. on fyrhðsefan. El 98; 845. Jul 384. Cri 1315. 1612.

[w. þám cásere. El 70; Jul 515].

4*

·Z.

v. on fírhdsefan. El 213; 220. 231. 296. 316. 425. 458.
467. 639. 706 et c. Summe 48. [Cri 103. 1245].

w. 1. Sicher zu Typ. C gehören: tó bisceope. El 1057;
Jul 66. 621. Cri 208. 1482. [El 189. 289. 410. 781. 859.
1010. 1159. 1279. Jul 50. 406. 448. Cri 312. 389. 433].

2. Vielleicht zu Typ. B gehören: Prs.-Formen:
ʒeclǽnsjan. El 678; Jul 198. 649. 717. Cri 144. 320.
484. [Prt. Pl.: ʒeþrówedon. El 855].

$$\times \overset{\smile}{\underset{\smile}{\times}} | \overset{\smile}{\times} \cdot$$

Z.

v. on sweʒl faran. Cri 513; [El 554]. //

w. Vielleicht zu Typ. B. gehören: Prs.-Formen: ʒeopenje.
El 792; 1102.

$$\times \times \overset{\prime}{\underline{}} | \overset{\smile}{\times} \cdot$$

X.

v. ofer héah hleoðu. Cri 745; 765. [El 732. Cri 1597].

w. Vielleicht zu Typ. B: hú we tealtriʒað. Cri 371.

Y.

v. ofer riht ʒodes. El 372; Jul 684. Cri 460. 821.
[El 9].

[w. on ðám þrówode. El 421; Cri 1096].

Z.

v. wæs se lindhwata. El 11; 44. 135. 166. 221. 233.
255. 298. 398. 430 et c. Summe 74. [El 40. 788. Jul 418.
544. Cri 514. 604. 615. 655. 711. 791. 1003. 1006. 1217].

w. 1. Sicher zu Typ. C gehören: ond þá wundrade. El
959; 1073. 1217. Cri 435. 616. [El 99. 280. 317. 386.
416. 427. 454. 519. 713. 797. et c. Summe 26].

2. Vielleicht zu Typ. B gehören: Prs.-Formen: ic éow
healsje. El 699; Jul 54. 153. 449. 539. Cri 5. Prt. Pl.:
ʒe þǽr earnedon. Cri 1350.

$$\times \times \overset{\smile}{\underset{\smile}{\times}} | \overset{\smile}{\times} \cdot$$

Z.

v. þurh his hydercyme. Cri 587; [El 1016. Cri 1329].

[w. ic þæt ʒearolice. El 288; 690. Jul 582].

×××‿|◡×.

X.

v. in þisse déaddene. Cri 344; 903. [Cri 946].

Y.

v. ne hire andsware. El 567; Jul 647.

[w. þæt mec þus bealdlice. Jul 519].

Z.

v. syddan héo earhfære. El 116; 814. 828. Jul 415.
Cri 250. 385. 755. 756. 792. 1048. 1210. 1454. 1530. [El
59. 808. Cri 284. 398].

w. 1. Sicher zu Typ. C gehören: swylce he ʒrennade.
Jul 596; Cri 659. 1457. 1489. [El 200. 225. 517. 799. 1148.
1292. Jul 40. 89. 270. Cri 879. 1202. 1291. 1358].

2. Vielleicht zu Typ. B: Prs.-Formen:
onʒan þá hléodrjan. El 901; Cri 183. [Prt. Pl.: hú
hine lýʒnedon. Cri 1120].

××××‿|◡×.

Z.

v. nu we on þæt bearn foran. Cri 341; 1281. 1348.
1485. [El 175].

w. Vielleicht zu Typ. B: forþon ic þec hálsiʒe. Jul. 446.

×××××‿|◡×·

Z.

v. forþon we hine dómhwate. Cri 429.

w. Vielleicht zu Typ. B: mæʒ mon swá þéah ʒelácniʒan
Cri 1309.

[×××××××‿|◡×·

Z.

w. þæt ʒé mé of dyssum earfedum. El 700].

[×××××××◡×|◡×·

Z.

w. bútan þu úsic þon ofostlicor. Cri 272].

β. Mit zweiten Gliedern von Compos. in der Schlusssenkung.

×‿|‿×·

X.

v. and eall andweard. Cri 1053.

×◡×|‿×·

X.

v. tó scipe scéohmód. Jul 672.

D. Grundtypus –́ | ⏓́ × ×.

Der Grundtypus D umfasst 318 sichere Belege, von denen 188 auf den Normaltypus –́ | ⏓́ × ×, 130 auf den gesteigerten Typus –́ × | –́ × × kommen. Wir besprechen zunächst den Normaltypus. Der Nebenton ruht entweder auf der zweiten oder auf der Schlusssilbe des letzten Fusses –́ | ⏓́ ⏓̀ × und –́ | –́ × –̀). Bei 9 Halbversen muss unentschieden bleiben, welcher der beiden Abteilungen dieselben angehören. Wenn der Nebenictus die zweite Silbe dieses Fusses trifft, so müssen wir unterscheiden, ob dieselbe lang oder kurz ist (–́ | ⏓́ –̀ × und –́ | –́ ⏑̀ ×). Bei den Fällen mit langer Nebentonsilbe ist die gewöhnliche Form –́ | –́ –̀ ×; bisweilen findet sich eine verkürzte Form –́ | ⏑́ –̀ ×; im Bw. kommt ausserdem auch noch ein erweiterter Typus ⏑́ × | –́ × –̀ × vor. — Fällt der Nebenton auf die Schlusssilbe des zweiten Fusses, so kann der unbetonte Teil der Senkung ein- aber auch zweisilbig sein (–́ | –́ ×(×)–̀).

Unter unseren 188 Halbversen befinden sich 14 mit Auftakt, und zwar ist dieser wie im Bw. und in der Jud. so auch hier stets einsilbig. Was den Stabreim betrifft, so haben wir 118 Fälle mit doppelter, 67 mit einfacher, 3 mit gekreuzter Allitteration; diese letzten entfallen auf die Halbverse mit Nebenton auf der zweiten Silbe des zweiten Fusses. Hervorzuheben ist besonders, dass die Auftakt-Halbverse ausschliesslich doppelte Allitteration haben; hervorzuheben ist ferner, dass bei den auftaktlosen Halbversen mit Nebenton auf der Schlusssilbe des zweiten Fusses 49 Fälle mit doppelter Allitteration, dagegen nur 7 mit einfacher sich finden, während bei denen mit Nebenton auf der zweiten Silbe des zweiten Fusses einfache Allitteration das häufigere ist. —

Unter den 130 Halbversen des gesteigerten Typus sondern 2 sich dadurch von den übrigen ab, dass sich bei ihnen noch ein weiteres zweites Compositionsglied in der Senkung findet.

Auch die Halbverse des gesteigerten Typus gliedern sich in solche mit Nebenton auf der zweiten und solche mit Nebenton auf der letzten Silbe des zweiten Fusses. Wenn der Nebenictus die zweite Silbe des Endfusses trifft, so kann diese Silbe wieder lang oder kurz sein; jedoch könnte man die Gruppe mit kurzer Nebentonsilbe auch als $\overset{\prime}{\smile} \times | \overset{\prime}{\smile} \underset{\smile}{\smile} \times$ dem durch Nebenicten gesteigerten Grundtypus A zurechnen; es sind 66 Halbverse, 64 mit doppelter, 2 mit einfacher Allitteration, die ich in die Summe der Halbverse des Typus D nicht mit einbezogen habe. Sowohl bei langer wie bei kurzer Nebenictussilbe haben wir meistens ein-, bisweilen aber auch zweisilbige Mittelsenkung, (Jud 274 bietet sogar einen Beleg für dreisilbige Mittelsenkung). Bei kurzer Nebentonsilbe erscheinen im Bw., jedoch nicht in unseren Denkmälern, auch zweite Glieder von Compos. in der Mittelsenkung. — Unter den Halbversen mit langer Nebenictussilbe haben wir 15, unter denen mit kurzer Nebenictussilbe 6 mit Auftakt. Während dieser letztere meistens einsilbig ist, befindet sich in der erstgenannten Gruppe auch ein Halbvers mit zweisilbigem Auftakt. (Auch im Bw. haben wir für beide Gruppen je einen Beleg mit zweisilbigem Auftakt, Vers 1028 u. 2629).

Bei den 37 Halbversen mit Nebenton auf der Schlusssilbe des zweiten Fusses ($\overset{\prime}{\smile} \times | \overset{\prime}{\smile} \times \overset{\prime}{\smile}$) ist sowohl die erste Senkung wie der unbetonte Teil der zweiten Senkung meist ein-, bisweilen zweisilbig; zweisilbige erste Senkung findet sich im Bw. und in der Jud. garnicht. Die 4 hierher gehörigen Auftakthalbverse haben einsilbigen Auftakt, während dieser letztere im Bw. auch zweisilbig erscheint.

Nur 2 unter den sicheren Halbversen des gesteigerten Typus haben einfache, die übrigen doppelte Allitteration. Es sind dies 2 auftaktlose Halbverse mit Nebenictus auf der zweiten Silbe des zweiten Fusses. Mit Rücksicht auf das zum Normaltypus Gesagte hebe ich besonders hervor, dass einerseits die mit Auftakt versehenen Halbverse, andererseits diejenigen mit Nebenton auf der Schlusssilbe des zweiten Fusses, stets doppelte Allitteration aufweisen.

In den Grundtypen D und E führe ich die Halbverse mit Vollton im Nebenictus unter ψ, diejenigen mit Nebenton im Nebenictus unter ω an.

I. Normaltypus $\perp \mid \stackrel{\smile}{} \times \times$.

  α. Ohne Auftakt.

A. Nebenton auf der zweiten Silbe des zweiten Fusses:
$$\perp \mid \stackrel{\smile}{}\stackrel{\smile}{} \times .$$

  I. Die Nebentonsilbe ist lang: $\perp \stackrel{\smile}{} \perp \times$.

  a. Gewöhnlicher Typus $\perp \mid \perp \perp \times$.
$$\perp \mid \perp \perp \times .$$

X.

ψ. ald onmédla. El 1266; Jul 430.

ω. lyftlácende. El 796; Jul 180. 281. Cri 356. 1093. 1147. 1272.

Y.

ω. scyldwyrcende. Cri 1487; [El 869. Cri 1127].

Z.

ψ. þréat ormǽte.. Jul 465; Cri 274. 410. [Jul 523. 630].

ω. byrnwíȝȝendra. El 224; 270. 300. 352. 395. 506. 683. 762. 811. 882 et c. Summe 33. [El 33. 405. 449. 879. 1175. 1208. Jul 34. 71. 107. 109. 220. Cri 1178. 1372].
$$\stackrel{\smile}{} \times \mid \perp \perp \times .$$

X.

ψ. weras wísfæste. El 314; 902. 1030. 1117. 1214. 1291. Jul 182. 230. 436. 667. Cri 244. 472. 681. 987. [El 478. 978. 1006. Jul 627].

ω. meotud meahtiȝne. Jul 306; Cri 892. 1118. [Cri 237. 1585].

Y.

ω. daraꝺ-hæbbende. Jul 68.

Z.

ψ. cininȝ ælmihtiȝ. El 1152; Cri 687. 1219.

ω. dearedlácende. El 37; 130. 540. 651. 952. 958. Jul 196. 567. Cri 1351. [El 279. 287. 523. 559. Cri 608. 1234].
$$\perp \mid \stackrel{\smile}{} \times \perp \times .$$

X.

ψ. hát heoroȝífre. Jul 586; Cri 220. 977. 1060.

[**Z.**

ω. unscomiende. Cri 1325].

◡⌣ | ◡×⌣× .

X.

ψ. weorud wlitescýne. Cri 493; 554. [El 1297. Jul 386. Cri 534. 909].

ω. cleopast ceariȝende. Cri 177.

⌣ | ◡×◡×× .

X.

ψ. sóđ sunu meotudes. El 461; 564.

b. Verkürzter Typus ⌣ | ◡⌣× .

⌣ | ◡⌣× .

Z.

ω. reordberendra. El 1282; Cri 1369.

◡× | ◡⌣× .

Z.

ω. efenwesende. Cri 350; mæȝencyninȝes. Cri 917; 1087.

II. Die Nebenictussilbe ist kurz: ⌣ | ⌣◡× .

⌣ | ⌣◡× .

X.

ψ. ald ýđhofu. El 252; 343. 438. Jul 145. Cri 540. 1268. [Cri 257. 1596].

ω. 1. Sicher hierher gehören: sǽ swinsade. El 240; Cri 1052. [Cri 872].

2. Vielleicht zu der Gruppe mit Nebenictus auf der Schlusssilbe des zweiten Fusses gehören: Prt. Pl.: wróht webbedan. El 309; Prs.: up ódiȝean. El 1107; Jul 92. 463. 538.

Y.

ω. up síđode. El 95.

Z.

[*ψ.* ȝod sylf wile. Cri 319].

ω. 1. Sicher hierher gehören: up lócade. El 87; Jul 20.

2. Vielleicht zu der Gruppe mit Nebenictus auf der Schlusssilbe des zweiten Fusses gehören: Prs.: sár níwiȝan. El 941; Cri 1642. [Cri 1250. 1540].

◡× | ⌣◡× .

X.

ψ. wadan wæȝflotan. El 246; 673. Cri 660. 861. 1117.
[Jul 709].

ω. [1. Sicher hierher gehörig: fæder féondlice. Jul 118;
374. Cri 15. 644. 1004. 1266. 1453].

2. Vielleicht zu der Gruppe mit Nebenictus auf der
Schlusssilbe des zweiten Fusses gehörig: Prs.: welum weor-
ðian. Jul 76; Cri 820.

Z.

ψ. cyninȝ ánboren. El 392; Cri 336. 618.

[*ω*. mæȝenearfeðu. Cri 1411].

$$[\acute{}\ |\ \smile \times \smile \times .$$

Z.

ω. Vielleicht zu der Gruppe mit Nebenictus auf der
Schlusssilbe des zweiten Fusses gehörig: mód staðeliȝe.
Jul 222].

B. Nebenictus auf der Schlusssilbe des zweiten Fusses:

$$\acute{}\ |\ \acute{}\ \times \grave{}\ .$$

a. Gewöhnlicher Typus $\acute{}\ |\ \acute{}\ \times \grave{}\ .$

$$\acute{}\ |\ \acute{}\ \times \grave{}\ .$$

X.

ψ. fór fyrda mæst. El 35; 55. 115. 1133. Jul 22. 201.
271. 457. 615. Cri 997. 1658. [Jul 53. Cri 36].

Z.

ψ. sár endeléas. Jul 251; 704. 706. Cri 966. 1270.

$$\smile \times\ |\ \acute{}\ \times \grave{}\ .$$

X.

ψ. wliti wuldres tréo. El 89; 366. 531. 647. 759. 778.
936. 1043. 1187. 1212 et c. Summe 22. [El 1106. Jul 724.
Cri 728. 769].

[*ω*. wlitiȝ wynsumlic. Cri 912; 931].

[Z.

ω. cymeð wundorlic. Cri 906].

$$\acute{}\ |\ \smile \times \times \grave{}\ .$$

X.

ψ. líc leȝere fæst. El 883; Cri 123. [El 488. Cri 404.
962. 1517. 1599].

$$\acute{}\mid\acute{}\times\breve{}\times.$$

X.

ψ. cúđ ceasterwarum. El 42; 431. Cri 292. 1427 (Streckvers). [El 729. Cri 118].

[Z.

ψ. þréo tácen somod. Cri 1236].

$$\breve{}\times\mid\acute{}\times\breve{}\times.$$

X.

ψ. wlitiჳ wuldres boda. El 77; [El 109. Cri 110].

$$\acute{}\mid\breve{}\times\times\breve{}\times.$$

X.

ψ. ჳlæd ჳumena weorud. Cri 1654.

b. Erweiterter Typus $\acute{}\mid\acute{}\times\times\acute{}.$

$$\acute{}\mid\acute{}\times\times\acute{}.$$

X.

ψ. fór folca ჳedryht. El 27; Cri 194. 1631. [Cri 1659].

Z.

ψ. mund inne ჳehéold. Cri 93; 135.

$$\breve{}\times\mid\acute{}\times\times\acute{}.$$

X.

ψ. fæder fǽmnan áჳeaf. Jul 159; Cri 992. 1150. 1603.

$$\acute{}\mid\acute{}\times\times\breve{}\times.$$

X.

ψ. fyrn foldan beჳræfen. El 974.
[An diese Gruppe schliesst sich an $\acute{}\mid\acute{}\,\dot\times\times\times\acute{}.$

X.

ψ. léoht líჯende ჳeféa. Cri 231. Dieser auffällige Halbvers befindet sich nicht unter Streckversen. Ich halte léoht für interpoliert].

β. Mit Auftakt.

A. Typus $\acute{}\mid\acute{}\,\breve{}\times.$

I. Typus $\acute{}\mid\acute{}\,\acute{}\times.$

$$[\times\mid\acute{}\mid\acute{}\,\acute{}\times.$$

X.

ω. áhón háliჳne. Jul 309].

$$\times \mid \underset{\smile}{\smile} \times \mid \acute{-}\grave{-}\times.$$

X.

ψ. álesen léodmǽʒa. El 380.

$$\times \mid \acute{-} \mid \underset{\smile}{\smile}\times\grave{-}\times.$$

X.

ψ. onʒit ʒuma ʒinʒa. El 464; Cri 531. [Jul 473].

$$[\times\times \mid \acute{-} \mid \acute{-}\grave{-}\times.$$

Z.

ω. and swá forð ʒonʒende. Cri 426. Da der Auftakt im Typ. D I sowohl sonst bei Cynewulf, wie auch im Bw. und in der Jud., das Mass einer einzigen Silbe nicht überschreitet, und da ferner alle unsere anderen Auftakthalbverse dieses Typus doppelte Allitteration besitzen, so liegt die Vermutung nahe, dass dem Original unserer Dichtung die Form ʒánde eigen war].

[Hier schliesst sich wohl am besten die Form

$$\times \mid \acute{-} \mid \acute{-}\times\times\grave{-}\times$$ an, welche sich ein einziges Mal in einem Streckverse findet: onwréon wyrda ʒerýno. El 589; in Bw. und Jud. ist diese Form überhaupt nicht vertreten. Da nun für wréon aus *wríhan im north. wría wríʒa belegt ist (S. G. 383 und Anm. 2), so mag auch unserem Halbverse vonrechtswegen eine solche zweisilbige Form zukommen; derselbe würde dann dem Grundtypus F angehören].

II. Typus $\acute{-} \mid \acute{-}\underset{\smile}{\smile}\times.$

$$[\times \mid \acute{-} \mid \acute{-}\underset{\smile}{\smile}\times.$$

X.

ψ. ʒeséon synwrǽce. Cri 794.

ω. onfénʒ fréolice. Cri 187].

$$\times \mid \underset{\smile}{\smile}\times \mid \acute{-}\underset{\smile}{\smile}\times.$$

— **X.**

ψ. áhǽfen hildfruma. El 10; Jul 529. [El 94].

[ω. onʒyte ʒléawlice. Jul 181; Cri 1480].

$$[\times \mid \acute{-} \mid \underset{\smile}{\smile}\times\underset{\smile}{\smile}\times.$$

X.

ω. ʒecýð cynelice. Cri 157].

B. Typus ´ | ´ × ⌣.
a. Gewöhnlicher Typus.

×.

X.

ψ. and eal enȝla cynn. Jul 644; Cri 463.

X.

ψ. áȝiefan ȝéomormód. Cri 1407; [Jul 49].

X.

ψ. ȝeséon siȝora ȝod. El 1308].

X.

ψ. onwriȝe wuldorȝifum. El 1072; 1230. Jul 516. Cri 205.

b. Erweiterter Typus.

X.

ψ. onwriȝen wyrda biȝanȝ. El 1124; Jul 237.

II. Gesteigerter Typus ´ × | ´ × ×.

A. Nebenictus auf der zweiten Silbe des zweiten Fusses:

´ × | ´ ⌣ ×.

I. Die Nebenictussilbe ist lang: ´ × | ´ ´ ×.

α. Ohne Auftakt.

´ × | ´ ´ ×.

ψ.

X. brǽcon bordhrésan. El 122; 123. 139. 275. 321. 327. 387. 800. 829. 875 et c. Summe 31. [El 121. 228. 238. 310. 560. 848. Jul 689. 703. Cri 117. 576. 864].

Z. þéoden moncynne. Cri 1097.

ω.

X. worda wǽrlicra. El 544; 692. Cri 178. 982. 1220. [Jul 536. Cri 26. 930. 993].

[Z. dryhtnes þrówinȝa. Cri 1180].

ψ.

X. wriðene wælhlencan. El 24; 724. Jul 459. Cri 21. 202. 471.

ω.

X. lofiað léoflicne. Cri 400.

⌣× | ⌣× ⌣×.

ψ.

X. hófon herecumbol. El 25; 47. 107. 119. 156. 190. 414. 527. 579. 735 et c. Summe 29. [El 88. 127. 259. 355. 1022. 1190. 1215. Jul 298. Cri 152. 490. 629. 713. 776. 1531].

ω.

X. óodon æðelinʒas. El 846; [Cri 1021].

⌣×× | ⌣× ⌣×·

ψ.

X. weoruda wlitescýnast. Cri 1665.

⌣×× | ⌣⌣× ·

ψ.

X. ára nu onbehtum. Cri 370 (Diesen Halbvers könnte man übrigens auch als ××× ⌣ | ⌣× zum Typ. C stellen; denn, wie 'die b-Halbverse beweisen, finden sich bisweilen Vollverba in der Eingangssenkung dieses Typus; vergl. z. B. nú cwóm elþéodiʒ. El 908; áʒeaf andsware. El 455; ʒeséʒon wilcuman. Cri 554); [El 587 (Streckvers)].

ω.

Z. þínre álýsnesse. Cri 1474.

⌣×× | ⌣× ⌣×·

ψ.

X. néðde ic nearobreʒdum. Jul 302 (Auch dieser Halbvers liesse sich dem Typ. C zurechnen).

β. Mit Auftakt.

× | ⌣× | ⌣⌣ ×·

ψ.

X. ʒeýwed orwyrðu. Jul 69; [El 680. 763. 1068. Cri 475. 717].

ω.

X. ʒeýwed ænlicra. El 74; Jul 383. [Cri 175. 368].

$[\times \mid \overset{\smile}{\cup}\times\times \mid \overset{\_}{\_}\overset{\_}{\_}\times \cdot$

ψ.

X. tóbrocene burʒweallas. Cri 978].

$\times \mid \overset{\_}{\_}\times \mid \overset{\smile}{\cup}\times \overset{\_}{\_}\times \cdot$

$\psi.$ː

X. ʒehýrađ hyʒeʒléawe. El 333; 868. 1004. 1026. Jul 255. 469. Cri 167. 174. 365. 891. [El 208].

$\times \mid \overset{\_}{\_}\times \mid \overset{\smile}{\cup}\times \overset{\smile}{\cup}\times \times \cdot$

ψ.

X. tó hýnđum heofoncyninʒe. Cri 1514.

$\times\times \mid \overset{\_}{\_}\times\times \mid \overset{\_}{\_}\overset{\_}{\_}\times \cdot$

ω.

X. þæt mæʒ wítes tó wearninʒa. Cri 922.

II. Die Nebenictussilbe ist kurz: $\overset{\_}{\_}\times \mid \overset{\_}{\_}\overset{\smile}{\cup}\times \cdot$

α. Ohne Auftakt.

$\overset{\_}{\_}\times \mid \overset{\bullet\_}{\_}\overset{\smile}{\cup}\times \cdot$

X.

ψ. fóron fyrdhwate. El 21; 100. 101. 142. 215. 455. 530. 766. 805. 1199 et c. Summe 44. [El 54. 360. Jul 503. 563. Cri 323. 393. 737. 770].

ω. 1. Sicher hierher gehörig: léoma léohtade. Cri 234; [El 665. Jul 561. Cri 66. 72. 137. 203. 260. 383. 430. 509. 1320].

2. Vielleicht als $\overset{\_}{\_}\times \mid \overset{\_}{\_}\times \overset{\cdot}{\times}$ zu Typ. D II B gehörig: waldend wundian. Jul 291.

Z.

ψ. lífes ordfruma. Cri 227; 1298.

· [ω. biddađ ʒeornlice. Cri 262].

$\overset{\smile}{\cup}\times\times \mid \overset{\_}{\_}\overset{\smile}{\cup}\times \cdot$

X.

ψ. weoroda willʒifa. El 815; 852. Cri 150. 402. 504. 634. 1340. [Cri 1229].

[ω. fræʒn þá fromlice. Jul 258].

$\overset{\_}{\_}\times \mid \overset{\smile}{\cup}\times \overset{\smile}{\cup}\times \cdot$

X.

ψ. ʒrimne ʒeaʒncwide. El 525; Jul 269. Cri 142. [El 418. Cri 738].

[Z.

ω. Júdas maðelade. El 627; 655. 807].

[Ŭ͜x x | Ŭ͜x ̆x ·

Z.

ω. Elene maþelode. El 332; 404. 573. 604. 642. 685].

X.

́x x | ́. ̆x ·

ψ. enȝlum and eorðwarum. Cri 697; [El 356].

ω. [1. Sicher hierher gehörig: hwearflað héanlice. Cri 372; 1430].

2. Vielleicht als ́ x x | ́ x ̇x zu Typ. D II B gehörig: sinȝað and swinsiað. Cri 885.

[Z.

ψ. cwic þendan hér wunað. Cri 590].

β. Mit Auftakt.

x | ́ x | ́ ̆x ·

X.

ψ. áhénȝon helm wera. El 475; Jul 211. 603. Cri 1153. [El 842. 1046. 1299. Cri 1043].

[ω. onȝinne ȝǽstlice. Jul 398; 411. Cri 228. 288].

x | Ŭ͜x x | ́ ̆x ·

X.

ψ. ȝelaðade léof weorud. Cri 458.

[x | ́ x | Ŭ͜x ̆x ·

X.

ψ. ȝeþunȝen þeȝnweorud. Cri 751].

x | ́ x x | ́ ̆x ·

X.

ψ. ȝehýrde héo hearm ȝalan. Jul 629.

B. Nebenictus auf der Schlusssilbe des zweiten Fusses.

α. Ohne Auftakt.

́ x | ́ x ́ ·

X.

ψ. cýðan cræftes miht. El 558; 801. 970. 1206. Jul 5. 15. 571. Cri 52. 173. 211. et c. Summe 18. [El 761.

905. Jul 223. 348. Cri 68. 151. 647. 813. 830. 933. 995. 1648].

$$\_\times | \overset{\smile}{} \times \times \_ .$$

X.

ψ. lanʒe leʒere fæst. El 723; Cri 126. 631. [El 1145. Cri 88].

$$\_\times | \_\times \overset{\smile}{} \times .$$

X.

ψ. brinʒan beorhtne wlite. Cri 1059.

$$\overset{\smile}{}\times\times | \_\times \overset{\smile}{}\times .$$

X.

ψ. weoruda wuldorʒeofa. El 681; Cri 161.

$$\_\times | \overset{\smile}{}\times\times \overset{\smile}{}\times .$$

X.

ψ. mǽre meotudes suna. Cri 94; 210. 589.

$$\_\times | \_\times\times \_ .$$

X.

ψ. meorde monna ʒehwám. Jul 729; Cri 59. 672. 1014. [Cri 65. 428. 451. 748. 1000].

$$\_\times\times | \_\times \overset{\cdot}{\times} .$$

X.

ω. sib and ʒesǽliʒnes. Cri 1677; [Cri 1079].

$$\_\times\times | \_\times \overset{\smile}{}\times .$$

X.

ψ. á bútan ende sculon. Cri 271. (Besser scheint es mir jedoch, gegen die von Rieger Verskunst 38 aufgestellte Regel, sculon zum zweiten Halbverse zu ziehen: sculon ermđu dréoʒan).

β. Mit Auftakt.

$$\times | \_\times | \_\times\_ .$$

X.

ψ. álýsde léoda bearn. El 181; 1318.

$$[\times | \_\times | \overset{\smile}{}\times\times\_ .$$

X.

ψ. widsóce siʒora fréan. Jul 361].

$$\times \mid \underline{\prime} \times \mid \underline{\prime} \times \underline{\smile} \times .$$

X.

ψ. áhénȝon herȝa frŭman. El 210; Jul 362.

Ausserdem haben wir 2 Halbverse mit einer zweiten nebentonigen Senkungssilbe, welche sich wohl am besten diesem Typus anschliessen lassen; nämlich: æȝhwæs órwíȝne. Jul 434, der sich anschliesst an $\underline{\prime} \times \mid \underline{\prime} \underline{\prime} \times$ (bræcon bordhrésan. El 122), und: welan ofer wídlonda ȝehwylc. Cri 1385 (Streckvers), welchem am nächsten stehen die Formen $\underline{\prime} \times \mid \underline{\prime} \times \times \grave{\times}$ (meorde monna ȝehwám. Jul 729) und $\underline{\prime} \times \times \mid \underline{\prime} \times \grave{\times}$ (sib and ȝesæliȝnes. Cri 1677). Die betreffende Senkungssilbe ist, wenigstens wohl in dem ersten der beiden Halbverse, ohne Betonung zu lesen.

[Dem gesteigerten Typus $\underline{\prime} \times \mid \underline{\prime} \times \times$ schliessen sich folgende 4 Halbverse eines Typus $\underline{\prime} \times \mid \underline{\prime} \underline{\prime} \underline{\smile} \times$ an:

$$\underline{\prime} \times \mid \underline{\prime} \underline{\prime} \underline{\prime} \times .$$

ȝréteđ ȝæst óđerne. Cri 1670.

$$\underline{\prime} \times \mid \underline{\smile} \times \underline{\prime} \underline{\prime} \times .$$

ȝiddum ȝéarusnottorne. El 586.

$$\underline{\prime} \times \times \times \times \mid \underline{\prime} \underline{\prime} \underline{\smile} \times .$$

Júdas hire onȝén þinȝode. El 609. 667.

Dieser Typus findet sich im Bw. nicht, dagegen erscheinen 10 solcher Halbverse in der Jud. (Typ. D[1] bei Luick Beitr. XI 483). Alle derartigen Halbverse befinden sich in Streckversen].

E. Grundtypus $\underline{\prime} \times \times \mid \underline{\prime} .$

Der Grundtypus E, welcher 130 Halbverse umfasst, spaltet sich in einen normalen Typus $\underline{\prime} \underline{\smile} \times \mid \underline{\prime}$ mit 113, und in einen gesteigerten Typus $\underline{\prime} \times \times \mid \underline{\prime} \mid \times$ mit 17 Halbversen. Die gewöhnliche Form des normalen Typus ist $\underline{\prime} \underline{\prime} \times \mid \underline{\prime}$; selten findet sich im Nebenictus eine kurze Silbe. Dagegen ist wieder häufiger eine Form mit Verdoppelung der unbetonten Senkungssilbe ($\underline{\prime} \underline{\prime} \times \times \mid \underline{\prime}$); und auch $\underline{\prime} \times \underline{\prime} \times \mid \underline{\prime}$ mit Einschiebung einer unbetonten Silbe zwischen den ersten Hauptictus und den Nebenictus findet sich öfters. In einem

unserer Halbverse erscheint dieser letzte Typus mit gleichzeitiger Verdoppelung der unbetonten Senkungssilbe am
Schluss des ersten Fusses ($\underline{}\times\underline{}\times\times \mid \smile\times$), eine Form,
die dem Bw. und der Jud. fremd ist.

Die Halbverse des gesteigerten Typus gliedern sich in
zwei Gruppen, jenachdem der Nebenictus auf der zweiten
oder auf der letzten Silbe des ersten Fusses ruht ($\underline{}\ \underline{}\times \mid \underline{}\mid\times$
und $\underline{}\times\underline{}\mid\underline{}\mid\times$). Unter den Belegen für die erste Gruppe
findet sich wieder einer mit Verdoppelung der unbetonten
Silbe der Mittelsenkung ($\smile\times\underline{}\times\times\mid\underline{}\mid\times$). Diese Form
kommt in Bw. und Jud. wiederum nicht vor.

Sämmtliche 17 Halbverse des gesteigerten Typus haben
doppelte Allitteration; dagegen finden sich in dem normalen
Typus 67 Halbverse mit doppelter, 44 mit einfacher und 2
mit gekreuzter Allitteration.

I. Normaler Typus $\underline{}\overset{\smile}{\underline{}}\times\mid\underline{}.$

$$\underline{}\ \underline{}\times\mid\underline{}.$$

X.

ψ. wælhréowra wíӡ. El 112; 542. 592. 704. 831. 1036.
1243. Jul 242. 401. Cri 384. 730. 1188. [El 674. 1042.
Jul 297. Cri 945].

ω. lácende líӡ. El 580; 1111. Jul 642. Cri 529. 599.
1355. 1595. [El 599. 1069. Cri 836].

Y.

ω. waldende ӡod. Cri 1162.

Z.

ψ. sóðfæstra léoht. El 7; 605. 923. Jul 83. Cri 25.
932. 976. 1124. 1141. 1191. 1259. 1557. [El 2. Jul 185.
257. Cri 1083. 1232. 1439].

ω. þyslicre ær. Jul 453; Cri 409. 974. 1251. [El 209.
Cri 1174].

$$\smile\times\underline{}\times\mid\underline{}.$$

X.

ψ. firendædum fáh. Jul 59; 494. Cri 51. 566. 1001.
1007. 1379. [El 888. 1251. 1267. Cri 1633].

ω. æðelinӡa ord. El 393; Cri 515. 741. 846.

Z.

ψ. efenéce bearn. Cri 465; 1192.

ω. ædelinʒes word. El 1003.

$- \stackrel{\smile}{-} \times | \stackrel{\smile}{\smile} \times \cdot$

X.

ψ. ʒodspelles ʒife. El 176; 261. 1033. 1142. Jul 39. 168. 347. Cri 579. 1041. 1614. [El 562].

ω. nerʒendes naman. El 465; 1293. Jul 339. Cri 1286. 1608. [El 995. Cri 985. 1396].

Z.

ψ. tíréadiʒ cyninʒ. El 104; 836. 1122. 1144. 1278. Cri 172. 528. 1166. [El 273].

ω. óderne cyninʒ. El 928.

$\stackrel{\smile}{\smile} \times \stackrel{\smile}{-} \times | \stackrel{\smile}{\smile} \times \cdot$

X.

ψ. heofonenʒla here. Cri 1278.

Z.

ψ. heofonenʒla cyninʒ. Cri 1010; 1403.

$- \stackrel{\smile}{\smile} \times \times | \stackrel{\smile}{-} \cdot$

X.

ψ. báncofan onband. El 1250; Cri 367.

[Z.

ψ. mæʒwlite ʒelíc. Cri 1433].

$\stackrel{\smile}{\smile} \times \stackrel{\smile}{\smile} \times \times | \stackrel{\smile}{-} \cdot$

X.

ψ. mæʒencyninʒ ámæt. El 1248; Cri 727. [Cri 1056].

Z.

ψ. ædelcyninʒes ród. El 219; Cri 1655.

$- \stackrel{\smile}{\smile} \times \times | \stackrel{\smile}{\smile} \times \cdot$

Z.

ψ. orʒeatu on ʒode. Cri 1216; [Jul 322. 437].

$\stackrel{\smile}{\smile} \times \stackrel{\smile}{\smile} \times \times | \stackrel{\smile}{\smile} \times \cdot$

X.

ψ. mæʒencyninʒa meotod. Cri 943.

Z.

ψ. rodorcyninჳes ჳiefe.   Jul 447; Cri 907.

‿‿×|‿.

X.

ψ. mílpađas mæt.   El 1263.

[ω. wítჳena word.   El 394; Cri 469].

[Y.

ω. æplede ჳold.   El 1260].

[Z.

ω. æpplede ჳold.   Jul 688].

[‿‿×|‿×.

Z.

ψ Rómwara cyninჳ.   El 62.

ω. cáseres bodan.   El 551].

‿‿××|‿.

X.

ψ wísdómes ჳewitt.   El 357; 884. 955. 1191. Cri 1353.
[El 192.   Jul 344. 467.   Cri 757. 831].

ω. weallende ჳewitt.   El 938; Cri 1388. 1639.

Y.

ψ. ánfealde ჳewyrht.   Cri 1578.

Z.

ψ. onhǽlo ჳelác.   Cri 896; 988.

[ω. cristenra ჳeféau.   El 980; Cri 874].

‿×‿××|‿.

X.

ψ. liođucǽჳan biléac.   Cri 334.

Z.

ψ. eofurcumble beþeaht.   El 76; Cri 122. 1306.

‿‿××|‿×.

X.

ψ. werþéodum tó wrǽce.   El 17; 1269.

ω. ჳléawnesse þurhჳoten.   El 962.

‿×‿××|‿×.

X.

ψ. laჳuflódum bilocen.   Cri 807; [El 71.].

Z.

ψ. firenweorcum forlure. Cri 1399.

[́⏑̆×××|́·

X.

ψ. déadfirenum fordén. Cri 1207].

́×́×|́·

X.

ψ. morðorhúsa mæst. Cri 1625; [Cri 1140].

Z.

ψ. ússes dryhtnes ród. Cri 1085.

[X. ́×́×|⏑̆×·

ψ. fácentácen feores. Cri 1566].

Z.

ψ. wuldorfæste ʒife. El. 967; Cri 1406.

́×́××|⏑̆×·

X.

ψ. wundurclommum bewriðen. Cri 310.

II. Gesteigerter Typus ́××|́|×·

a. Typus ́́×|́|×·

́́×|́|×·

X.

ψ. wíʒspéd wið wráðum. El 165; 719. 881. Jul 542.
715. Cri 82. 255. 499. 682. 914. 1042. 1426 (Streckvers).
[Cri 85].

[Z.

ψ. moncynnes tuddor. Cri 1417. Für diesen Halbvers
ist jedoch wahrscheinlich tudor mit kurzer erster Silbe anzu-
nehmen (vergl. S. Beitr. X 509), da unsere sämmtlichen
anderen Belege für den gesteigerten Typus E doppelte
Allitteration haben].

⏑̆×́×|́|×·

X.

ψ. siʒorléan in sweʒle. El 623; 755. Cri 212.

⏑̆×́××|́|×·

X.

ψ. ederʒonʒ fore yrmðum. Cri 1676.

    b. **Typus** $\acute{-} \times \acute{-} \mid \acute{-} \mid \times$ ·

        $\acute{-} \times \acute{-} \mid \acute{-} \mid \times$ ·

X.

ψ. wuldorléan weorca. Cri 1080.

    $[\acute{-} \times \smile\times \mid \smile\times \mid \times$ ·

X.

ψ. ealdorbealu eʒeslic. Cri 1616].

F. Grundtypus $\acute{-} \times \acute{-} \times \acute{-} \times$·

19 unserer Halbverse fallen diesem Typus zu. Sie alle haben doppelte Allitteration. — Der Grundtypus F spaltet sich in den normalen Typus $\acute{-} \times \acute{-} \times \acute{-} \times$ und in eine durch einen zweiten Nebenictus gesteigerte Form; dieser zweite Nebenictus fällt in die erste Senkung, und zwar unmittelbar hinter den ersten Hauptictus. Die erste Senkung unseres Grundtypus ist ein- bis fünfsilbig. Die hinter dem zweiten Hauptictus befindliche unbetonte Silbe kann verdoppelt werden. Ausserdem kann dem Typus F auch noch ein Auftakt vorgesetzt werden, der aus einer, selten aus zwei Silben besteht. — Für den gesteigerten Typus, der in der Jud. verhältnissmässig häufig auftritt, haben wir hier nur einen einzigen Beleg. — Die Halbverse des Grundtypus F gehören fast sämmtlich Streckversen an; die Ausnahmen werden als solche bezeichnet werden.

    1. Mit einer Nebenhebung.

        a. Ohne Auftakt.

    $\acute{-} \times \acute{-} \times \times \smile \times \times$·

X. sáwlum sorʒe tóʒlidene. Cri 1164.

    $\acute{-} \times\times \acute{-} \times \acute{-} \times$·

X. ádes ond endelífes. El 585; Cri 1515. [Cri 1561 (kein Streckvers)].

    $\smile\times \times\times \acute{-} \times \acute{-} \times$·

X. wriʒon under womma scéatum. El 583.

$'\times\times\ \underline{'}\times\times\ \underline{\ }\times\cdot$

X. héanne fram hunʒres ʒenídlan. El 701 (kein Streckvers). Cri 890.

$'\times\times\times\ \underline{'}\times\ \underline{\ }\times\cdot$

X. sæʒdon hine sundorwísne. El 588; Cri 1163. 1428.
1497. 1667.

$'\times\times\times\ \underset{\smile}{\overset{\smile}{\times}}\times\ \underline{\ }\times\cdot$

X. þýstra þæt þu þolian sceolde. Cri 1386.

$'\times\times\times\times\ \underline{'}\times\ \underline{\ }\times\cdot$

X. lýtel þúhte ic léoda bearnum. Cri 1425; [1547].

$[\overset{\smile}{\times}\times\times\times\times\times\ \underline{'}\times\ \underline{\ }\times\cdot$

X. eʒeslic of þære ealdan moldan. Cri 889].

$'\times\times\times\times\times\ \underline{'}\times\times\ \underline{\ }\times\cdot$

X. árode þe ofer ealle ʒesceafte. Cri 1383.

b. Mit Auftakt.

$\times\mid\underline{'}\times\times\ \underline{'}\times\ \underline{\ }\times\cdot$

X. bedyrnan þá déopan mihte. El 584; [Cri 1668].

$\times\mid\underline{'}\times\times\times\ \underline{'}\times\ \underline{\ }\times\cdot$

X. biþeahte mec mid þearfan wædum. Cri 1423.

$\times\mid\underline{'}\times\times\times\ \underset{\smile}{\times}\times\ \underline{\ }\times\cdot$

X. of láme ic þe leoðo ʒesette. Cri 1382.

$\times\times\mid\underline{'}\times\times\times\ \underline{'}\times\ \underline{\ }\times\cdot$

X. oferwinnað þá áwyrʒdan ʒæstas. Cri 1690.

2. Mit zwei Nebenhebungen.

$'\underset{\smile}{\smile}\times\ \underline{'}\times\ \underline{\ }\times\cdot$

X. mæʒwlite mé ʒelícne. Cri 1384.

$[\times\mid\underline{'}\underline{\ }\times\times\ \underline{'}\times\ \underline{\ }\times\cdot$

X. biwundenne mid wonnum cláðum. Cri 1424].

G. Reste.

Wir haben in der El. zwei-Halbverse, die nur je drei
Silben enthalten; für dieselben hat schon S. Beitr. X 518
geeignete Ergänzungen in Vorschlag gebracht, nämlich:
wordcræft(um) wæf. El 1238 und: cwén sélest(e). El 1170.

Ferner findet sich ein unvollständiger Halbvers: áwyʒedne. Jul 617; Gn. in der Anm. dazu vermutet metrisch correktes: (wéan) áwyʒedne.

Der Vers Cri 1380 ist, was die Verteilung der Reimstäbe betrifft, durchaus unregelmässig gebaut; derselbe lautet: hwæt! ic þec, mon, | mínum hondum; in allen anderen Versen unserer 3 Denkmäler, welche gekreuzte Allitteration haben, ist die Form der letzteren a b a b (ausgenommen natürlich wenn in der ersten Halbzeile Typus A III steht). Durch Umstellung in hondum mínum erhalten wir einen regelrechten Vers; die Hauptallitteration wird dann nicht von mon und mínum, sondern von hwæt und hondum getragen; den Wörtern mon und mínum darf höchstens, unter Annahme von gekreuzter Allitteration, die Nebenallitteration zugesprochen werden; der erste Halbvers würde dann als $\acute{} \times \acute{} | \acute{}$ zu Typus E gehören; wahrscheinlicher ist mir jedoch, dass der Halbvers mit einfacher Allitteration als $\acute{} \times | \acute{} \acute{}$ zu Typ. A II gezogen werden muss, denn normaler Typ. E mit Nebenictus auf der zweiten Silbe der Senkung findet sich in unseren 3 Denkmälern sonst nicht.

Der Halbvers Z. oft and lata. Cri 1436 scheint in dieser Form fehlerhaft zu sein, da der verkürzte Typ. A I für die Mittelsenkung eine schwere Silbe verlangt. Schon Grein vermutete, dass wir hier ein Compos. andlata vor uns hätten. Herr Prof. Konrath hat mich darauf hingewiesen, dass vielleicht an andwlata „Antlitz", als Apposition zu hléor, zu denken sei, eine Vermutung, die mir durchaus gerechtfertigt erscheint. Der Halbvers gehörte dann als X. $\acute{} | \acute{} \breve{} \times$, eine Form, die sich bei Cynewulf nicht selten findet, zum Typ. D I.

3 Halbverse, der erste mit doppelter Allitteration, der zweite mit Allitteration in erster, der dritte mit solcher in zweiter Hebung, müssten, so wie sie überliefert sind, einem ungebräuchlichen Typus $\acute{} \times \times \acute{}$ ohne mittleren Nebenaccent zugewiesen werden. Dieselben können jedoch durch geringfügige Änderungen auf gebräuchliche Formen gebracht werden. Es sind dies:

wurdon on wéʒ. Jul 479. Statt des Acc. wéʒ ist vielleicht der Dat. wéჳe zu setzen. Die Stelle lautet im Zusammenhang:

Sume on ýďfare

wurdon on wéჳ wætrum bisencte

on mereflóde mínum cræftum

under réone stréam.

Ferner: scandum þurhwaden. Cri 1283. An den verkürzten Typ. A I darf für diesen Halbvers auch nicht gedacht werden, da ja der genannte Typus einen Nebenaccent in der ersten Senkung beansprucht. Statt þurhwaden ist vielleicht þurhwadene zu setzen; die Stelle lautet im Zusammenhang:

béoď þá synჳan flæsc

scandum þurhwaden swá þæt scíre ჳlæs.

Der dritte der erwähnten Halbverse endlich ist: éodan þá on ჳerúm. El 320. Die Auflösung des handschriftlichen ჳerü in ჳerúm genügt nach Ausweis des Metrums nicht, um den Halbvers zu einem vollständigen zu machen; derselbe muss jedenfalls auf eine Form gebracht werden, die ihn dem Typ. AIII zuweist. Neben ჳerúm n. spatium bietet Gn. Sp. I 443 ჳerúma m. spatium amplum (Dat. ic his bídan ne dear réďes on ჳerúman. Rä 16 [16]). on ჳerúman würde dem metrischen Bedürfnis genügen.

[Einem Typ. $\angle \times \times \angle$ ohne mittlere Nebenhebung scheinen ferner anzugehören:

Z. friჳueď ymb ďæt tréo. El 534; féondum in forwyrd. Cri 1615. Ist vielleicht in dem letzteren Halbverse der Dat. forwyrde zu setzen, so dass dann also nicht ჳiefeď in forwyrd sondern féondum in forwyrde syntaktisch zusammenhören würde? Oder hat der Halbvers im Original dem Grundtypus A mit doppelter Allitteration angehört, sodass entweder an eine Betonung des Präfixes zu denken wäre, oder forwyrd auf einer bedeutenderen Entstellung beruhte?

Endlich sind hier noch zu besprechen die beiden Halbverse: forþon nis æniჳ þæs horsc. Cri 241 und: þurh ealle list. Cri 1319, welche als $\times \times \times \angle \mid \times \times \angle$ und $\times \angle \mid \times \angle$ dem Typ. B angehören; in ihnen allitteriert ausnahmsweise nur die zweite Hebung. Sie sind nicht zu emendieren, obwohl namentlich der zweite der beiden Halbverse (durch

Einsetzung des Pl. für den Sg.) leicht zu dem Typus A III übergeführt werden könnte, sondern in ihnen haben wir wohl zwei weitere Beispiele für den nicht gar häufig erscheinenden Typ. B mit Allitteration im zweiten Fuss zu erblicken. (7 Beispiele für diesen Typus, welche verschiedenen anderen Denkmälern entnommen sind, siehe bei S. Beitr. X 289).

[Dem Typus B mit Allitteration in der zweiten Hebung sind vielleicht ferner zuzuweisen:

Z. þær meahte ӡesíon. El 243; ne þu næfre ӡedést. Jul 138; þá þu of þán ӡeféan. Cri 1404. Alle drei Halbverse würden sich leicht in den Typus A III überführen lassen].

III. Anhang.

Zur gekreuzten Allitteration.

Durch Rieger (Verskunst 4 f.) ist die irrige Ansicht in Aufnahme gebracht., dass in der ags. allitterierenden Langzeile ausser den Reimschematen a a a x, a x a y und x a a y auch noch die beiden folgenden bestanden hätten: a b a b, a b b a. Die beiden zuletzt genannten bezeichnet Rieger als Doppelreim; wir nennen ·sie mit Luick gekreuzte Allitteration. — In Wirklichkeit ist diese gekreuzte Allitteration nicht als eine besondere Kunstform zu betrachten, sondern in ihr haben wir einfach die beiden Schemata a x a y und x a a y vor uns, in denen durch blossen Zufall die zweite und vierte, resp. erste und vierte Hebung den gleichen Anlaut erhalten haben. Vielleicht wurde dieser gleiche Anlaut nicht einmal als solcher empfunden; jedenfalls wurde er nicht. gesucht, eher noch gemieden. Diese Behauptung gründet sich auf folgende Wahrnehmungen:

Bezüglich der Allitteration bestehen für das Ags. folgende 19 Anlaute: Vocal, b, c, d, f, ӡ, h, l, m, n, p, r. s, sc, sp, st, t, þ, w. In einem jeden Langverse mit dem Reimschema a x a y oder x a a y ist also die mathematische Wahrscheinlichkeit, dass auf die zweite und vierte, resp. erste und vierte Hebung gleicher Anlaut kommt, $^1/_{19}$; vorausgesetzt natürlich,

dass die einzelnen Anlaute in gleicher Häufigkeit wieder-
kehrten. Für 19 solcher Halbverse wäre mithin die mathematische Wahrscheinlichkeit gleich 1. Falls gekreuzte
Allitteration weder gesucht noch gemieden wird, müssen wir
also erwarten, unter je 19 Versen, deren erste Hälfte nicht
doppelte Allitteration hat, einen mit gekreuzter Allitteration
zu treffen. In unseren 3 Denkmälern haben wir 1406 solcher
Langzeilen, wir müssten darunter also $^{1406}/_{19} = 74$ mit gekreuzter Allitteration finden; es sind jedoch nur 64.

Was ferner den Gebrauch der doppelten resp. einfachen
Allitteration im ersten Halbverse betrifft, so ist derselbe
nicht willkürlich; wenigstens wird man sich bei einer Durch-
sicht des von mir zusammengestellten Materials leicht über-
zeugen können, dass in längeren oder durch Nebenicten gesteigerten Verstypen die einfache Allitteration bei weitem
nicht so häufig erscheint wie in den kürzeren oder leichteren
Formen; sie wurde hier eben ungenügend befunden. Wollte
man nun die gekreuzte Allitteration als eine besondere
Kunstform von der einfachen scheiden, so müsste man natürlich vermuten, dass auch die gekreuzte Allitteration hauptsächlich in gewichtigeren Versen ihre Stelle hätte; aber ge-
rade das Umgekehrte ist der Fall; wo die doppelte Allitteration sich mehrt, schwindet im allgemeinen die gekreuzte, sie
steigt und fällt mit der einfachen Allitteration, sie ist eben
ein Teil dieser letzteren. Zur Erläuterung möge folgende
Tabelle dienen:

Wir finden unter 10 000 a-Halbversen

	mit doppelter,	mit gekreuzter,	mit einfacher Allitteration
im allgemeinen	4 754	239	5 007
im Grundtypus A.	5 347	185	4 468
„ „ B.	3 236	427	6 337
„ „ C.	1 090	403	8 507
„ „ D	7 736	94	2 170
„ „ E.	6 462	154	3 385
„ „ F.	10 000	0	0

Wie wir hier bei einem Vergleich der Verhältniszahlen der einzelnen Grundtypen die gekreuzte Allitteration mit einer einzigen Ausnahme mit der einfachen wachsen und schwinden sehen, so zeigt sich die gleiche Erscheinung auch innerhalb dieser Typen selbst bei ihren verschiedenen Unterabteilungen, wie man aus meinen Angaben im Einzelnen leicht ersehen kann.

Mir scheint die Riegersche Annahme demnach hinfällig. Um jedoch der Ansicht anderer gerecht zu werden und hauptsächlich um Zweifelnden für eine mehr ins Einzelne gehende Untersuchung dieser Frage das Material an die Hand zu geben, habe ich in meiner metrischen Untersuchung die Halbverse mit einfacher und diejenigen mit gekreuzter Allitteration stets streng von einander gesondert.

Sprachlicher Teil

Im folgenden gebe ich, wie ich bereits oben bemerkt habe, eine Zusammenstellung der sprachlichen Ergebnisse meiner Untersuchung. Soweit dieselben nach S. G. für die Entscheidung der Dialektfrage von Bedeutung sind, weisen sie unseren Dichter dem anglischen Sprachgebiete zu; übrigens sind diese einzelnen Punkte ja schon von S. Beitr. X auch für Cynewulf in vollem Masse besprochen worden.

Die von S. Beitr. X 494 ff. mit Hülfe des Metrums ermittelten Vokalquantitäten werden durch die Belegstellen meiner 3 Texte allgemein bestätigt. Ich verzichte hier selbstverständlich auf eine Wiederholung derselben.

Auch in Bezug auf den Gebrauch einzelner Flexionsformen bei Cynewulf bildet eine gewisse Anzahl meiner Resultate natürlich nur eine Bestätigung der Sieversschen Ermittelungen. Diese letzteren glaubte ich jedoch der Vollständigkeit wegen in der folgenden Aufzählung kurz mit besprechen zu müssen.

In der Anordnung meiner sprachlichen Resultate folge ich dem Gange von S. G.

1. Bei den Compos. auf -lic bezeugt das Metrum für Cynewulf den Nom. Pl. n. auf -u in: þe sind heardlicu. Jul 263ᵇ. Danach ist diese Form auch für den Acc.ʹeinzusetzen in den fehlerhaft überlieferten Halbvers: moniʒ mislic. Cri644ᵃ. Ausser in ʒelíc (mit betontem -líc) bietet das Metrum nirgend zwingenden Grund zur Annahme von Länge des i bei Cynewulf; ebensowenig aber erweist es die Kürze. Nach dem Pl. n. -licu jedoch habe ich die Formen von -lic überall mit ĭ angesetzt. (vergl. S. Beitr. X 504. — G. 43,1 und Anm. 1).

In Bezug auf die Betonung im Verse ist zu sagen, dass die Compos. auf -lic sich ebenso verhalten wie z. B. die Prt. der lang- oder mehrsilbigen schwachen Verba zweiter Klasse; d. h. -lic kann sowohl einen Haupt- wie einen Nebenictus tragen, es kann aber auch als ganz unbetont verwendet werden. Das letztere ergiebt sich daraus, dass -lic sich sehr häufig an Stellen befindet, an denen zweite Glieder von Compos. möglichst gemieden werden:

Grundtyp. A: láðlic wíte. El 520ᵇ; þyslic cýðan. El 540ᵇ; fracuðlic þúhte. Jul 225ᵇ; wráðlic andléan. Cri 832ᵇ; eʒeslic and ʒrimlic. Cri 919ᵇ; wuldorlic ofer weredum. Cri 1011ᵃ. — Grundtypus B: onʒan þá léoflic wíf. El 286ᵇ; þæt wæs þréalic ʒeþóht. El 426ᵃ; þurh mislic bléo (cwealm). Jul 363ᵃ. 493ᵃ; þurh þearlic þréa. Jul 678ᵃ; næniʒ efenlic þám. Cri 39ᵃ; þæt is héalic ræd. Cri 430ᵇ; ne him swæslic word. Cri 1511ᵇ. — Grundtypus C: and þréaníedlic. Jul 128ᵃ; eal ʒiofu ʒæstlic. Cri 42ᵃ. — Grundtypus D: ænlic eoforcumbul. El 259ᵃ; háliʒ heofonlic ʒást. El 1145ₐ; earmlic ælda ʒedreaʒ. Cri 1000ᵃ. — Grundtypus E: firenbealu láðlic. Cri 1276ᵇ.

2. Dass hláford auch schon zu Cynewulfs Zeit nicht mehr als Compos. gefühlt wurde (S. G. 43 Anm. 4), geht daraus hervor, dass sich unter meinen 9 Belegen für dies Wort folgende fünf b-Halbverse befinden: hláford eallra (sécean, úrne, stíʒan, ferʒan). El 475. 983. Jul 129. Cri 498. 518.

Dass auch áwer nicht mehr als Compos. galt, liegt auf der Hand; es findet sich viermal belegt, und zwar in den folgenden b-Halbversen: áwer meahte. El 33; ówer ʒetéran. Jul 331; monnes (londes) ówer. Cri 199. 1002.

3. Bezüglich der Synkope von nicht durch Position geschützten Mittelvokalen nach langer Wurzelsilbe (S. G. 143 ff.) habe ich den Ausführungen von S. Beitr. X 459 ff. nichts hinzuzufügen. Ich habe bei der Registrierung der betreffenden Halbverse überall die alten synkopierten Formen wiederhergestellt. — Auch die beiden Ausnahmen: leomo lǽmenu. Cri 15ᵃ; módcwániʒe. El 377ᵇ werden von S. a. a. O. bereits besprochen.

Dass Geminata nach nebentoniger Mittelsilbe für Cynewulf noch als erhalten vorauszusetzen ist (S. G. 231), ergiebt sich mit Sicherheit aus der Ueberlieferung; das Metrum kann hierüber nicht entscheiden, da ja bei dem Zusammentreffen zweier Icten (auch bei dem von Hebung und Nebenhebung) der zweite Ictus zu einfachem ◡ verkürzt werden kann (S. Beitr. X 221). Jedoch erweist das Metrum wenigstens, dass Synkope dieses Mittelvokals noch nicht eingetreten war:

of (in) byrʒenne. El 186ᵃ. 484ᵃ. Cri 729ᵃ. 1468ᵃ; mæʒen fæʒfre. El 242ᵇ; forþsnotterra (Ms. forþ snotera) El 379ᵇ; unweaxenne. El 529ᵃ; áʒenne eard. El 599ᵃ; þe on wéstenne. El 611ᵇ; ʒé þá byrʒenna. El 652ᵇ; fréondrǽddenne. El 1208ᵃ. Jul 34ᵃ. 71ᵃ. 107ᵃ. 220ᵃ; yrmenne ʒrund. Jul 10ᵇ. Cri 481ᵇ; mæʒrǽdenne. Jul 109ᵃ; tó óðerre. Jul 115ᵃ; þinʒrǽdenne. Jul 126ᵇ; ʒafulrǽdenne. Jul 529ᵇ; heofoncondelle. Cri 608ᵃ; béaʒ þyruenne. Cri 1127ᵃ; wera cnéorissum. Cri 1234ᵃ; synbyrðenne. Cri 1300ᵇ; tó néotenne. Cri 1391ᵃ; tó bindenne. Cri 1622ᵃ; and tó bærnenne. Cri 1622ᵇ.

4. Was den Gebrauch der 3 Verben mǽlan, mǽðlan und maðelian (S. G. 201 Anm. 2) betrifft, so ist derselbe folgender: mǽlan finden wir in unseren Denkmälern dreimal, und zwar stets in der Verbindung wordum mǽlan, während die beiden anderen Verben fast ausnahmslos ohne Hinzufügung von wordum gebraucht werden. Diese 3 Stellen sind: wordum mǽlde (mǽldon). El 351ᵇ. 537ᵇ. Jul 351ᵇ. Wie man

sieht, wird hier die Richtigkeit der Ueberlieferung durch das Metrum bestätigt; maðelode würde eine Versform ergeben, wie sie sich bei unserem Dichter in der zweiten Halbzeile nicht findet. — mæðlan ist dreimal in Prs.-Formen belegt. In dem Halbverse ȝehýreð cyninȝ mæðlan. Cri 797ᵇ wäre maðelian undenkbar. — Das Verb maðelian dagegen finden wir neunmal im Prt. überliefert; zwar in keinem Falle metrisch gesichert, aber dennoch unantastbar, denn nach Ausweis von Gn. Sp. besitzt die ganze ags. Poesie für das Prs. nur Formen von mæðlan, für's Prt. dagegen nur maðelode, so dass wir letzteres hier gleichsam als Prt. des ersteren betrachten dürfen.

Wir finden also bei Cynewulf einerseits wordum mælan, andererseits mæðlan mit dem Prt. maðelode.

5. Das Verhältnis der Verben stælan und staðelian „fundare" (S. G. 201 Anm. 2) zu einander ist folgendes: stælan finden wir nur einmal, Cri 1374, ohne dass es metrisch gesichert wäre. staðelian dagegen ist ziemlich häufig überliefert, und in den meisten Fällen gesichert: ferhð (hyȝe, mód, hyht) staðeljen (staðelize, staðelian, staðeladon). El 427ᵇ. 797ᵇ. 1094ᵇ. Jul 222ᵃ. 270ᵇ. 864ᵇ. 437ᵇ. Cri 865ᵇ. 1358ᵇ.

Trotz alledem kann auch stælan bereits im Originale gestanden haben, da sich nach den Belegen bei Gn. Sp. zwischen stælan und staðelian wohl ein Bedeutungsunterschied herausgebildet hatte.

6. Während bei Cynewulf von fíras nur Formen mit í metrisch gesichert sind, erscheinen die flektierten Formen von feorh sowohl mit eo wie mit éo. Die beweisenden Belegstellen sind bereits von S. Beitr. X 487 f. zusammengestellt. (S. G. 218).

Bei der Einordnung der Halbverse mit flektierten Formen von feorh in das metrische Schema habe ich immer der gebräuchlicheren unter den beiden möglichen Formen den Vorzug gegeben.

7. Wie das Metrum ergiebt, ist in dem Halbverse hlihende hyȝe. El 995ᵃ hlihhende zu setzen (S. G. 220 Anm. 1).

8. snottor mit tt (S. G. 228) wird für Cynewulf durch folgende Stellen verbürgt: forþsnotterra (Ms. forþ snotera) El 379ᵇ; forðsnoterne. El 1053ᵇ; forðsnotterne. El 1161ᵇ.

9. Neben dem endungslosen Dat. Loc. Sg. hám steht nach S. G. 237 Anm. 2 sehr selten háme. Die Dichter scheinen sich der Form háme nur aus metrischen Gründen zu bedienen; sämmtliche 4 Belege, die wir nach Gn. Sp. neben zahlreichen Belegen für hám finden, sind metrisch gesichert: hále (herʒes, wíf) tó háme. By 282ᵃ. Exod 456ᵃ. Gen 1721ᵃ; tó heofonháme. Cri 293ᵃ. Fehlerhaft überliefert und diesen Belegen anzuschliessen ist wohl: húde tó þám hám. Rä 30⁴.

Dass nun in den Fällen, in welchen uns hám überliefert ist, nicht etwa Verderbtheit der Ueberlieferung angenommen werden darf, geht daraus hervor, dass bei weitem die meisten dieser Halbverse, unter ihnen sämmtliche Halbverse unserer 3 Texte, bei Einsetzung von háme dem Typ. A mit Auftakt zufallen würden: in (of, tó) þám enʒan (réonʒan, þýstran, écan, ædelan, hálʒan) hám. El 921ᵃ. Jul 323ᵃ. 530ᵃ. 683ᵇ. Cri 305ᵃ. 350ᵇ. 1675ᵃ.

Wir haben also neben 7 ziemlich gesicherten Belegen für hám nur einen einzigen für háme.

10. Im Gen. Pl. von dæʒ verwendet Cynewulf daʒena und daʒa neben einander (S. G. 237 Anm. 4). Sämmtliche Beweisstellen giebt S. Beitr. X 484.

11. Von here findet sich neben den Formen mit ʒ auch Gen. heres, Dat. Instr. here, Nom. Acc. Pl. heras (S. G. 247 Anm. 2). Für Cynewulf sind jedoch nur Formen mit ʒ durch's Metrum erwiesen: Húna (hædnes) herʒes. El 143ᵃ. Jul 589ᵃ; heriʒes beorhtme. El 205; síde herʒe. Cri 524ᵇ;

12. Von bléo „Farbe" lautete im ags. der Dat. Pl. bléom bléoum (bléowum) (S. G. 247 Anm. 3). Cynewulf bedient sich der einsilbigen Form: bléom scínende. Cri 1392ᵇ. Auch: wundorbléom ʒeworht. Cri 1140ᵃ spricht dafür.

13. Die Nomina agentis auf -ere, denen sich cásere angeschlossen hat, haben im spätws. bisweilen bloss -re, so auch north. (S. G. 248,1). Das Metrum erweist für Cynewulf nur

Formen ohne Synkope: þám cásere. El 70ª. 212ᵇ; cáseres bodan (mæʒ). El 262ᵇ. 330ᵇ. 551ª. 669ᵇ.

14. Für den Gen. und den Dat. Sg. von tréo (S. G. 250,2) müssen wir des Metrums wegen für Cynewulf entweder zweisilbige Formen mit kurzer erster Silbe oder einsilbige contrahierte Formen annehmen; denn sämmtliche Halbverse, in denen sich eine dieser beiden Formen findet, würden bei Annahme von zweisilbiger Wortform mit langer erster Silbe dem Typ. A mit Auftakt zufallen. Die Ueberlieferung macht es wahrscheinlich, dass nicht zweisilbige Formen mit kurzer erster Silbe, sondern einsilbige contrahierte Formen im Originale unseres Dichters gestanden haben. Die betreffenden Halbverse sind: ic þæs wuldres tréowes. El 1252ᵇ (S. Beitr. X 489 ff.); be (æfter) ꝺám lifes (wuldres) tréo. El 706ᵇ. 828ᵇ. 867ᵇ; on róde tréo. El 856ª; se þe on róde tréo. Jul 447ᵇ.

15. Schwacher Gen. Pl. von cearu (S. G. 252 Anm. 4) ist metrisch gesichert in: cynn cearena full. Cri 962ª.

16. Die ursprünglich dreisilbigen Abstracta auf got. -iþa haben im Nom. Sg. die Endung -u, -o wie die kurzsilbigen, daneben später auch eine gekürzte Form auf -ꝺ. Beide Formen dringen allmählich auch in die Casus obliqui des Sg. ein, welche ursprünglich der Regel folgend nur -e hatten (S. G. 255,3).

Für Cynewulf sind nur zweisilbige Formen metrisch gesichert, nämlich:

Dat. ʒæstes strenʒꝺu. Cri 638ᵇ.

Acc. werʒꝺu dréoʒan. El 211ᵇ. 952ᵇ. Cri 1272ᵇ.

Instr. ʒéhꝺu mænan. Jul 391ᵇ.

17. Für den Dat. von þréa (S. G. 259 Anm.) ist gegen die Ueberlieferung eine zweisilbige Form erforderlich Cri 1092ª (s. S. Beitr. X 479 f.).

18. Neben ʒecynd fem. neutr. bestehen noch zwei weitere Sg.-Formen, nämlich ʒecynde neutr. und ʒecyndu swf. (S. G. 267 Anm. 4).

In den Werken Cynewulfs ist uns dreimal ʒecynd überliefert, und wir dürfen die Ueberlieferung aus metrischen

Gründen als echt betrachten: ne mæʒ þǽr manna ʒecynd. El 735ᵇ; séo unclǽne ʒecynd. Cri 1017ᵃ; þonne sío hálʒe ʒecynd. Cri 1018ᵇ.

Ebenso ist neben ʒebyrd auch ein schwaches ʒebyrdu entwickelt worden (S. a. a. O). — Hier sind beide Formen durch's Metrum gesichert; die letztere durch: bearnes þurh ʒebyrde. Cri 76ᵃ; bearnes ʒebyrdu (Ms. -a). Cri 724ᵃ; — ʒebyrd durch: cýddon Crístes ʒebyrd. Cri 65ᵃ; und nach allem dürfen auch die beiden folgenden Halbverse als richtig überliefert betrachtet werden: þæt þurh bearnes ʒebyrd. Cri 38ᵃ; þurch clǽne ʒebyrd. Cri 298ᵃ.

19. Während das Metrum für Dan. und Sat. consonantischen Dat. -sceaft bezeugt (S. Beitr. X 485), erweist es für Cynewulf die Form -sceafte: tó meotudsceafte. Cri 888ᵇ. (S. G. 269).

20. In den Acc. Sg. der langsilbigen Fem. der i-Decl., welcher ursprünglich endungslos ist, dringt die Endung -e der â-Decl. ein; früh und in weitem Umfang im north., später und anfangs seltener im ws. und kent. (S. G. 269 Anm. 1). — Der Acc. Sg. tíd findet sich in unseren 3 Denkmälern 18-mal. Für die Richtigkeit der Ueberlieferung spricht schon ihre Consequenz. Als beweisend für tíd können wir die folgenden b-Halbverse betrachten, welche bei Annahme von tíde sämmtlich dem hier verhältnismässig seltenen Grundtyp. A mit Auftakt zufallen würden: in hira lífes tíd. El 1209; in ǽlce tíd. Cri 406; on þá (þás) æðelan (hálʒan, snúdan, mǽran, sylfan, lǽnan, openan) tíd. El 787. Cri 632. 842. 972. 1149. 1559. 1571. — Diesen b-Halbversen sind die folgenden a-Halbverse jedenfalls auch im Original schon gleich gebildet gewesen: on (óð, in) þá (þás) slídan (niʒoðan, æðelan, hálʒan, ʒæsnan, ʒrimman) tíd. El 857. 870. Cri 455. 549. 739. 850. 1031. — Danach werden wir auch in den beiden zuletzt anzuführenden Halbversen, in denen sowohl tíd wie tíde dem Metrum genügen würden, die Ueberlieferung als correct betrachten müssen: on his daʒana tíd. El 193ᵃ; wæs an tíd tó læt. Jul 712ᵇ.

Ebenso beweist der viermal überliefei te Acc. Sg. cwén,

dass in Cynewulfs Sprache für diese Subst. noch der alte
endungslose Acc. galt: mid (þurh) þá ædelan cwén. El
275ᵇ. Cri 1199ᵇ; secȝȝas ymb (mid) siȝecwén. El 260ᵃ.
998ᵃ. An allen 4 Stellen würde die Form cwéne Metren
hervorrufen, welche verhältnismässig selten erscheinen.

21. Neben diesem Fem. der i-Decl. cwén bestand das
schwache Fem. cwene (S. G. 278). Ersteres finden wir bei
Cynewulf 29-mal, letzteres garnicht überliefert. An 3
Stellen wird die Ueberlieferung durch's Metrum gesichert,
während in den übrigen Fällen unbeschadet des Versbaues
auch Formen von cwene möglich wären, die aber unter diesen
Umständen natürlich unbedenklich abzuweisen sind. Die ent-
scheidenden Halbverse lauten: þæt hío þære cwéne. El 324ᵃ;
cwéne bróhte. El 1130ᵃ; cwéne willa. El 1136ᵃ.

22. onséon hat im ws. noch öfter endungslosen Acc. Sg.,
im Ps. und north. aber stets -e nach der â-Decl. (S. G. 269
Anm. 4). Der letzteren Form hat sich auch Cynewulf bedient in dem Halbverse: fore onsýne. Cri 796ᵃ.

23. Für die Flexion der langsilbigen Fem. der i-Decl.
ist schwacher Pl. als besondere Abweichung des north. an-
zumerken. (S. G. 269 Anm. 5). Hier kommen nur die Gen.
Pl. von tíd und von dǽd in Betracht. Sie sind überall in
der starken Form überliefert, und, wo das Metrum eine Entscheidung giebt, bestätigt es die Überlieferung. Dies geschieht
an folgenden Stellen: sé ðe ǽr feala tída. El 1044ᵇ; þu
tída ȝehwane. Cri 107ᵇ; æfter þon tída biȝonȝ. Cri 235ᵇ;
þára bealudǽda. El 515ᵃ; þæt ic yfeldǽda. Jul 713ᵃ;
worda and dǽda. Cri 1368ᵇ. 1583ᵇ.

24. Im Acc. Pl. von hond bestand north. neben honda,
-o, auch hond (S. G. 274 Anm. 2). Für Cynewulf ist
honda gesichert: handa sendan. El 457ᵇ.

25. In Übereinstimmung mit der Überlieferung erfordert
das Metrum einsilbiges fréa (S. G. 277 Anm. 2 und 3) in
den Halbversen: El 680ᵃ. 1068ᵃ. 1307ᵇ. Jul 328ᵇ. 361ᵃ.
Cri 237ᵇ. 328ᵇ. 355ᵇ. 395ᵇ. 475ᵃ. 1130ᵇ. 1189ᵇ. 1379ᵇ.
Aber auch die zweisilbige Form (S. Beitr. X 479) scheint
für Cynewulf festzustehen: nú sceal liffréa. Cri 15ᵇ.

26. Cynewulf scheint hǽl n. (S. G. 267) und hǽlu f. (S. G. 279) neben einander zu gebrauchen. Letzteres wird bezeugt durch: symle hǽlo þǽr. El 1216ᵇ; éce hǽlo. Cri 411ⁿ; hǽlo sécen. Cri 752ᵇ; hú þæt hǽlubearn. Cri 586ᵇ. — Für hǽl dagegen spricht: heht hé Elenan hǽl. El 1003ʰ.

27. hǽleđ hat endungslosen Nom. Acc. Pl. neben hǽleđas hǽleđe (S. G. 281 Anm. 4). Bei Cynewulf ist nur hǽleđ überliefert; zweimal gesichert: hǽleđ eahtian. Jul 1ᵇ. 609ᵇ.

28. Neben gewöhnlichem mæʒ(e)đ (S. G. 284) und mæʒđhád ist in der ags. Poesie nur zweimal˙mæʒden und gar nur einmal mæʒdenhád überliefert. 2 dieser 3 Belege finden sich in Cynewulfs Gedichten und sind dort durch das Metrum gesichert: and þæs mæʒdnes mód. Jul 608ᵃ; þéah wæs hyre mæʒdenhád. Cri 1420ᵇ. Jedoch auch mæʒđhád steht für unseren Dichter fest: mæʒđhád se micla. Cri 85ᵃ.

29. Von niht findet sich im Gen. Dat. Sg. neben niht auch nihte und ferner ein meist nur adverbial gebrauchter Gen. nihtes (S. G. 284 Anm. 4). Der Dat. nihte wird für Cynewulf erwiesen durch: in sinnihte. Cri 1543ᵃ. 1632ᵃ. — Zweisilbiger Gen. wird bezeugt durch: dæʒes ond nihtes. El 198ᵇ; nihtes nearwe (lýhte). El 1240ᵃ. Cri 939ᵃ.

30. Der Gen. Sg. von fæder lautet fæder und fæd(e)res (S. G. 285 und Anm. 4). Die erste Form wird für Cynewulf erwiesen durch: mid hyre fæder willan. Jul 32ᵇ; fæder éđelstól. Cri 516ᵇ; mínes fæder ríce. Cri 1345ᵇ. Der Dat. lautet fæder, Lind. auch federe (S. a. a. O.). Für Cynewulf ist die letztere Form durch's Metrum gesichert: El 438ᵇ. 454ᵇ. Cri 465ᵇ. 532ᵇ. (S. Beitr. X 483). Jedoch scheint die Überlieferung getreu zu sein in: fæder ælmihtʒum. Cri 121ᵇ.

31. Im Dat. Sg. findet sich die Form fríend fíend in der ws. Prosa noch ziemlich oft, selbst in später Zeit; dagegen herrscht in der Poesie die (wahrscheinlich besonders anglische) Form fréonde féonde (S. G. 286 Anm. 1); so wird sie auch für Cynewulf durch das Metrum erwiesen: he is tó fréonde ʒód. Jul 102ᵇ; fǽcnum féonde. Cri 1395ᵃ.

32. Der Dat. Sg. von den Stämmen auf -os, -es erscheint

bisweilen endungslos (S. G. 289). Für Cynewulf ist die dreisilbige Form salore durch's Metrum verbürgt: héo tó salore eft. El 382ᵇ; secʒas tó salore. El 552ᵃ.

33. Unser Dichter verwendet ausschliesslich das Subst. siʒor, nicht aber auch siʒe (S. G. 289 Anm. 2). An der einzigen Stelle, wo letzteres überliefert ist, ist es metrisch unmöglich: éadʒad ús siʒes. Cri 20ᵃ. (S. Beitr. X 485). Dagegen ist siʒor ausser an dieser Stelle noch an folgenden gesichert: siʒores tácen (áʒend). El 85ᵃ. 184ᵇ. 1121ᵇ. Cri 420ᵇ. 513ᵇ; siʒora dryhten (waldend, dryhtne, sellend). El 346ᵃ. 732ᵇ. 1140ᵃ. Jul 668ᵃ. 705ᵃ; cum nú siʒores weard. Cri 1517ᵃ.

34. Für den Nom. Pl. m. von fáh „feindlich" (S. G. 295 Anm. 1) stehen bei Cynewulf sowohl die einsilbige contrahierte, wie die zweisilbige nicht contrahierte Form fest. Die contrahierte in: lifdon leahtrum fá. Cri 830ᵃ; fá þrówiad. Cri 1615ᵇ. Die uncontrahierte in: synfá men. Cri 1083ᵃ. (S. Beitr. X 478).

35. Für den schwachen Nom. Sg. f. von héah (S. G. 295 Anm. 1) wird Einsetzung der uncontrahierten Form gefordert in dem Halbverse: ond séo héa ród. Cri 1065ᵇ (S. Beitr. X 478). Dagegen verlangt das Metrum für den starken Acc. Pl. f. Contraction in: ʒehléaped héa dúne. Cri 717ᵃ. — Für den Superl. ist dreisilbiges ´⏑´⏑×, das auf angl. Ursprung unserer Gedichte deutet (S. G. 166, 5) erforderlich in dem Halbverse Cri 1681ᵇ (S. Beitr. X 479). Unmöglich ist diese Form aber in: þurh þæs hýhstan meaht. Jul 446ᵇ; wid þone hýhstan cyninʒ. Jul 716ᵇ.

Auch für das Adv. nýhst ist eine solche uncontrahierte angl. Form einzusetzen in den Halbvers Cri 535ᵇ (S. a. a. O.)

36. Cynewulf verwendet scheinbar nur das Adj. stronʒ, nicht aber auch strenʒe (S. G. 299 Anm. 1); denn unter den 5 in Betracht kommenden Belegstellen für dies Wort befinden sich folgende 4: is þes hæft tó dan strang. El 703ᵇ; is þéos þráʒ ful strong. Jul 464ᵇ; módiʒ meahtum stranʒ. Cri 647ᵃ; wæs se drohtad stronʒ. Cri 857ᵇ.

37. Dreisilbiges wyrresta (S. G. 309 ff.) wird für Cynewulf erwiesen durch Jul 152ᵃ. 250ᵃ. (S. Beitr. X 486).

38. Im north. findet sich für den Nom. m. neben zweisilbigen Formen wie tuœʒe et c. auch tuœʒ (und twá Rush.) (S. G. 324 Anm. 1). Für Cynewulf steht Zweisilbigkeit fest in: enʒlas twéʒen. Cri 506ᵇ.

39. Für die Cardinalzahlen von 4—19 incl. (S. G. 325) sind uns in unseren 3 Texten sowohl bei subst. wie bei attrib. Gebrauch flectierte und unflectierte Formen überliefert. In: mid syxum éac. El 742ᵇ ist flectierte Zahlform bei subst. Gebrauch metrisch gesichert. Dagegen steht unflectierte Form bei attrib. Gebrauch fest in: siex tída dæʒes. Jul 230ᵇ, und damit auch in .VII. nihta fyrst. El 694ᵇ.

40. Wie Cri 1659ᵃ bitwéon (S. Beitr. X 486), so wird bitwéonum (S. G. 329) metrisch gesichert durch: sylfra betwéonum. El 1207ᵇ.

41. Das alte náwiht (S. G. 348,2) gebraucht Cynewulf schon in contrahierter Form: ʒif we yfles nóht. Jul 329ᵇ. áwiht (S. G. 344) dagegen verwendet er scheinbar in beiden Formen. Zweisilbig in: ówiht swylces. El 571ᵇ; fier (lenʒ) ówihte. Cri 248ᵇ. 343ᵇ; aber er wird es hier nicht mehr als Compos. gefühlt haben. Contrahiert wohl in: ǽr þon óht þisses. Cri 238ᵃ.

42. Während Cynewulf einerseits noch die volle Form ǽʒhwæðer (S. G. 346) gebraucht, hat er auf der anderen Seite doch schon gekürztes náwðer (S. G. 348,2): ac þǽr ǽʒhwæðer. Cri 1577ᵇ; me náwðer déaʒ. Cri 189ᵇ.

43. Die zweite und dritte Person Ind. Prs. Sg. der starken Verba und der ersten Klasse der schwachen Verba sind nach S. G. 358 und Anm. — Beitr. X 464 f. von besonderer Wichtigkeit für die Dialektbestimmung. Durch sie werden unsere drei Texte dem angl. Sprachgebiete zugewiesen. — Die Überlieferung bietet uns verhältnismässig wenige synkopierte Formen; unter ihnen ist keine einzige metrisch gesichert, eine dagegen metrisch unmöglich: sé þæt wicʒ byrd. El 1196ᵇ (Beitr. X 475). Unter den unsynkopiert

überlieferten Formen wird jedoch eine grosse Zahl durch's Metrum als echt gekennzeichnet:

a. Kurzsilbige Verba. Grundtypus A: tíonléჳ nimeđ El 1279[b]; ferner El 1612[b]. Jul 388[b]. Cri 983[a]. 1578[b]. 1590[a]. — Grundtyp. C: se þe sóđ spriceđ. Cri 33[b]; ferner Cri 62[b]. 179[b]. 260[b]. 734[b]. 825[b]. 833[b]. 965[b]. 1003[a]. 1613[b]. 1675[b]. — Grundtyp. D: somod up cymeđ. Cri 876[b].

b. Langsilbige Verba. Grundtyp. A: féond oferswíđesđ. El 93[b]; ferner El 358[b]. 575[b]. 904[b]. 905[b]. 943[b]. 1083[a]. 1093[b]. 1192[a]. 1273[b]. 1275[b]. 1280[b]. Jul 48[a]. 52[b]. 120[b]. 121[b]. 125[b]. 169[b]. 170[b]. 338[b]. 407[b]. 703[b]. Cri 3[b]. 20[b]. 55[b]. 56[b]. 62[a]. 68[b]. 108[b]. 325[b]. 434[b]. 664[b]. 689[b]. 698[b]. 701[a]. 715[a]. 716[b]. 718[b]. 760[b]. 764[b]. 810[b]. 846[b]. 870[b]. 875[b]. 905[b]. 924[b]. 939[b]. 948[a]. 956[b]. 970[a]. 973[b]. 988[b]. 1004[b]. 1010[b]. 1041[b]. 1057[a]. 1085[b]. 1089[a]. 1090[b]. 1103[a]. 1267[b]. 1335[b]. 1338[b]. 1339[b]. 1374[b]. 1518[b]. 1545[b]. 1546[a]. 1549[b]. 1599[b]. 1624[b]. 1682[b]. 1685[a]. — Grundtypus B: hé ჳecýđeđ þé. El 595[b]; ferner El 928[b]. 1083[b]. Jul 220[b]. Cri 176[b]. 1200[a]. Grundtypus C: þǽr đú wrađe findest. El 84[b]; ferner El 666[b]. 756[a]. 1184[b]. 1286[b]. Jul 48[b]. 202[b]. 218[a]. 277[b]. 373[b]. 463[b]. Cri 19[a]. 574[b]. 781[b]. 959[a]. 1058[b]. 1341[b]. 1598[a]. 1608[b]. — Grundtypus D: blác rásetteđ. Cri 809[b].

44. Den Inf. nach tó gebraucht Cynewulf sowohl in der unflectierten wie in der flectierten Form (S. G. 363 und Anm.). Flectiert: tó ჳeséonne. Cri 920[a]; tó dónne. Cri 1289[a]; tó néotenne. Cri 1391[a]; tó bindenne. Cri 1622[a]; and tó bǽrnenne. Cri 1622[b]. Die unflectierte Form dagegen ist gesichert in: máჳum tó secჳan. Jul 557[b]; weorc tó þolianne. Jul 569[b] (S. Beitr. X 482); synne tó fremman. Cri 1556[b].

45. Zu đéon „gedeihen" besteht neben Part. điჳen đoჳen auch đunჳen (S. G. 383 Anm. 3). Dies letztere ist für Cynewulf bezeugt durch: þeჳn ჳeþunჳen. Jul 262[a].

46. Von findan bestand neben Prt. Sg. 1. 3. fand ws. auch funde (S. G. 386 Anm. 2). Unserem Dichter scheinen beide Formen zuzukommen. funde ist dreimal überliefert, davon zweimal metrisch gesichert: sume þá ic funde. Jul 490[b]; ǽfre onfunde. Cri 178[b]. fand ist nur einmal über-

liefert; da es aber an dieser Stelle in metrischer Beziehung vor funde den Vorzug verdient, so darf man die Überlieferung wohl als richtig betrachten: swá ic on bócum fand. El 1255ᵇ.

47. Für die contrahierten Formen von séon aus *seh(w)on (S. G. 391,2) verlangt das Metrum viermal Auflösung der Contraction: Cri 1245ᵃ. 1271ᵃ. 1301ᵇ. 1417ᵇ. (s. S. Beitr. X 476). An den übrigen Stellen lässt das Metrum sowohl contrahierte wie uncontrahierte Formen zu; überliefert sind einzig Formen der ersteren Art.

48. Auch für đwéan (S. G. 392,2) aus *đwa(h)on verlangt das Metrum Auflösung der Contraction: synrust þwéan. Cri 1321ᵃ (S. Beitr. X 515).

49. Neben sceđđan „schädigen" (st. VI; mit j im Prs.-Stamm) findet sich auch ein regelmässiger Inf. sceađan (S. G. 392 Anm. 4). — In Übereinstimmung mit der Überlieferung verbürgt uns das Metrum für Cynewulf Prs.-Formen nur von dem alten sceđđan: swíđast sceđđe. Jul 349ᵇ; wiđ sceđđendra. Cri 761ᵇ; sceđđendum sceađan. Cri 1396ᵃ.

50. Auflösung der Contraction von fón (S. G. 395) ist erforderlich in: leođum onfón. Cri 1032ᵃ (S. Beitr. X 476); dagegen spricht der Halbvers ferđwérʒe onfón. Cri 831ᵃ mehr für die contrahierte Form. Hat Cynewulf · vielleicht beide Formen neben einander verwendet? Oder müssen wir uns auch in dem letzteren Falle für Auflösung der Contraction entscheiden, obwohl dadurch eine nur ganz vereinzelt auftretende Versform zustande kommt? —

In der dritten Person Ind. Prs. Sg. von fón (S. Beitr. X 476) ist für Cynewulf eine einsilbige Form als metrisch gesichert zu betrachten in dem Halbverse: semninʒa forféhđ. Cri 874ᵃ. —

Das Part. Prt. von fón lautet fonʒen, north. auch fœn (S. a. a. O). Die erstere Form ist an folgenden Stellen unumgänglich notwendig: wísan ʒefonʒen. Jul 98ᵇ; forht áfonʒen. Jul 320ᵃ. Cri 1184ᵃ; fácne bifonʒen. Jul 350ᵃ; hyht is onfanʒen. Cri 182ᵇ; wolcnum bifanʒen (Ms. bifenʒun). Cri 527ᵇ. So besteht auch Part. honʒen und hœn neben einander

(S. a. a. O.). Für Cynewulf ist wiederum das erstere mehr-
fach gesichert: áhanʒen wæs. El 445ª. 718ª. Cri 1094ᵇ; þæt
áhanʒen wæs. El 671ᵇ; hanʒen wǽre. El 852ᵇ; þá ic wæs
áhonʒen. Cri 1447ª.

51. Uncontrahiertes Part. Prs. von búan (S. G. 396
Anm. 2) wird durch folgende Stellen bezeugt: foldbúende.
El 1014ᵇ. Cri 868ᵇ. 1178ª; sundbúendum. Cri 221ᵇ; þéod-
búendum. Cri 616ᵇ. 1372ª; þéodbúendra. Cri 1173ᵇ; eorð-
búendra. Cri 1324ᵇ.

52. Die Endung des Part. Prt. der schwachen Verba
erster Klasse auf d und t ist ursprünglich, und so regelmässig in den angl. Dialekten, -ed. Im strengws. wird
dagegen der Vokal der Endung regelmässig synkopiert. Die
weniger streng ws. Texte schwanken (S. G. 402. 406).

In unseren 3 Denkmälern sind uns ausschliesslich Formen
auf -ed überliefert, und das Metrum bestätigt die Überlieferung in allen Fällen, in denen es überhaupt eine Entscheidung gewähren kann: hýded wǽre. El 218ᵇ; so ferner
El 986ᵇ. – hiʒe onhyrded. El 841ª; so ferner El 969ᵇ.
·Cri 43ᵇ. 97ᵇ. 105ᵇ. 935ᵇ. — cyninʒ wæs áfyrhted. El 56ᵇ;
so ferner El 141ᵇ. 331ᵇ. 613ª. 793ª. 871ª. 1082ª. 1095ª.
1213ª. Jul 203ᵇ. 343ᵇ. 353ª. 462ᵇ. Cri 1467ª. — áféded
wæs. El 914ª; so ferner El 988ª. 1013ª. 1225ª. — béoð þe
áhylded fram. Jul 171ᵇ. — and tó þe sended. Jul 262ᵇ; so
ferner Cri 795ᵇ (Ms. lædað). — wom unbéted. Cri 1312ª. —
þá wæs ʒelǽded. Jul 635ª.

Auch von cýðan lautet das Part. später bisweilen mit
Synkopierung ʒecýd(d) (S. G. 406 Anm.).

Für Cynewulf erweist das Metrum wiederum die Form
cýðed: on ʒewritum cýðed El 827ᵇ; þæt ʒecýðed weard.
El 1050ᵇ.

53. Das Verbum tréowan (S. G. 403 Anm. 1) statt des
überlieferten trúwian ist erforderlich in: wáce trúwiað. Cri
838ᵇ (S. Beitr. X 486).

Auch für das Prt. ist nur eine synkopierte Form, nicht
aber trúwode zulässig in: þínne ʒetréowdes. Jul 435ᵇ.

54. cýpte (von cíepan), nicht céapode (von céapian) er-

fordert das Metrum in den beiden Halbversen: lífes céapode.
Cri 1096ᵇ; hold ȝecýpte. Cri 1472ᵇ (S. Beitr. X 484).

55. Wie das Metrum darthut, verwendet Cynewulf nicht
néosian sondern néosan: burȝa (þýstra, foldan, édles) néosan.
El 152ᵇ. Jul 554ᵇ. Cri 321ᵇ. 741ᵇ.

56. Neben Part. ȝebróht steht seltenes brunȝen (S. G.
407 a und Anm. 7). þe hire brunȝen wæs. El 1138ᵇ; weorodum brunȝen. Cri 120ᵇ.
An beiden Stellen ist brunȝen durch's Metrum gesichert.

57. Von íec(e)an lautet das Part. ȝeíeced, spät ȝeíht
(S. G. 407 b). Für Cynewulf ist die Form ȝeýced metrisch
gesichert: þonne bið ȝeýced. Cri 1040ᵃ.

58. Für einige Formen der unregelmässigen Verba auf
-rw der ersten schwachen Conj. (S. G. 408,1) lässt uns das
Metrum den Sprachgebrauch Cynewulfs mit Sicherheit er-
kennen. Der Inf. ȝearwian mit erhaltenem w und Übergang
des Verbs in die zweite Klasse wird erwiesen durch: eft
ȝearwjan. El 1000ᵇ. — Auch für die zweite Sg. Ind. Prs.
und für die unflectierte Form des Part. Prt. steht Erhaltung
des w durchaus fest: sár (wráðra) ȝeȝearwast. Jul 55ᵇ.
177ᵇ; sóna (ȝáste, wítu, déofle) ȝeȝearwod. El 47ᵇ. 889ᵃ.
Jul 250ᵇ Cri 1523ᵃ. — Das Prt. von hierwan ist bei
unserem Dichter nach der ersten schwachen Conj. gebildet,
die Form hyrwode wird durch's Metrum abgewiesen: ond
ȝewritu herwdon. El 387ᵇ; word ne ȝebyrwdon. Cri 459ᵇ.
Für die unflectierte Form des Part. Prt. von nierwan
ist Erhaltung des w gesichert: hearde ȝenyrwad. Cri 364ᵇ;
ȝeniered wäre des Metrums wegen unmöglich.

59. Zu frætwan finden sich später auch Prs.-Formen
nach Klasse II (S. G. 408 Anm. 6). brídels frætwan. El
1199ᵇ. Im Bw. kommen zwar auch b-Halbverse der Form
$\acute{-} \times \,|\, \acute{-} \times \times$ ausnahmsweise vor, hier jedoch nicht, und wir
dürfen deshalb frætwan als gesichert betrachten.

60. Im ags. bestanden neben einander íewan éowan éawan
nach der ersten und éowian nach der zweiten schwachen
Conj.; letzteres anfangs nur im Prs.; erst später gesellte sich
ihm ein Prt. éowode zu (S. G. 408,2).

Cynewulf bildet nach Ausweis des Metrums das Prt. nach der ersten schwachen Conj.: þe mé swá léoht óðýwde. El 163ª; seolfne ʒeýwde. El 488ᵇ; enʒlas ne óðéowdun. Cri 448ª; hræʒlum óðýwden. Cri 454ᵇ.

61. Dass in den 3 Halbversen, in denen wir bei Cynewulf das Prt. von spíow(i)an (S. G. 408 Anm. 7) finden, nur spíowde, nicht aber spíowede metrisch zulässig ist, legt schon S. Beitr. X 486 dar.

62. Von schwachen Verben zweiter Klasse sind Part. Prs. auf einfaches -ende ausserhalb des north. fast nur in der Poesie belegt, dort aber nicht selten (in angl. Denkmälern) (S. G. 414 Anm. 2). Für Cynewulf sind uns nur Formen ohne i metrisch gesichert. Den schon von S. Beitr. X 482 angeführten drúsende El 1258ᵇ, sorʒende Cri 26ª. 1017ᵇ, habe ich noch folgende Stellen hinzuzufügen: rædþeahtende. El 449ª. 869ª; ufan síðende. Jul 261ᵇ; efen-eardiʒende. Cri 237ª; wépað wánende. Cri 993ª; cwániendra cirm. Cri 836ª.

Der letzte Halbvers wäre in der gegebenen Form zwar zulässig, wenn auch nicht wahrscheinlich. Dass cwánendra zu setzen ist, geht jedoch mit Evidenz daraus hervor, dass das i im Ms. erst übergeschrieben ist (Gn. Anm. zu diesem Verse).

63. Der Ind. Prs. Sg. von habban (S. G. 415. 416 Anm. 1) lautet in der Sprache Cynewulfs: bæbbe ḫafast hafað. — Unbedingt gefordert wird hæbbe in dem Halbverse: worda hæbbe. Cri 169ᵇ; ebenso auch wohl in den beiden folgenden: onʒiten hæbbe. El 288ᵇ; ic tó fela hæbbe. Cri 181ᵇ; denn gekürzter Typ. C mit Auflösung der ersten Hebung wird gemieden. Ausser an diesen 3 Stellen finden wir die erste Pers. noch zweimal in Halbversen belegt, in denen das Metrum keine Entscheidung gewährt, und zwar haben wir hier einmal hæbbe, das andere Mal dagegen hafu: hæbbe ic me tó hyhte. Jul 212ª; nú ic þurh sóð hafu. El 808ª. Diese sprachgeschichtlich jüngere Form hafu (S. a. a. O.) ist aber nach allem doch wohl einem Abschreiber zuzurechnen.

Für die zweite Pers. ist hafast zweimal, für die dritte hafað 16-mal überliefert. hafað ist an zwei Stellen metrisch gesichert: þe ʒemynd hafað. Cri 431ᵇ; óð þæt eall hafað. Cri 1006ª; wir müssen somit auch für die übrigen Stellen die gekürzten Formen hæfst hæfð zurückweisen.

64. Statt Ind. Prs. Sg. 1 secʒe haben Lind. und Rushw.² sæʒo (S. G. 416 Anm. 3). Für Cynewulf ist Länge der ersten Silbe durch's Metrum gesichert: swylce ic þe secʒe. Jul 51ª; sóð ic secʒe. Cri 197ª.

65. Für das Verb þréaʒan „drohen" (S. G. 416 Anm. 5) gehen bei Cynewulf contrahierte und uncontrahierte Formen nebeneinander her. Die metrischen Zeugnisse für uncontrahierte Formen sind: súsle þréaʒan. Jul 142ᵇ; þurh þrym þréað. Cri 1024ª; eʒsan ʒeþréad. Cri 1564ª (S. Beitr. X 477). Dagegen sprechen für Contraction: in ðám midle þréad. El 1296ᵇ; þráʒmælum ʒeþréad. Jul 344ª; and hine sylfne þréan. Cri 1321ᵇ.

66. Im ags. bestanden nebeneinander fylʒean fylʒde nach Klasse I und folʒian folʒode nach Klasse II (S. G. 416 Anm. 6). Formen beider Verba sind uns in den Werken Cynewulfs überliefert, jedoch nur solche des ersteren sind metrisch gesichert: ond ʒedwolan fylʒdon. El 371ᵇ; lenʒ ʒefylʒað. El 576ᵇ.

67. Der zweisilbige Ind. Prs. Pl. sindon (S. G. 427,1) wird für Cynewulf bezeugt durch: dierne sindon. El 1081ᵇ; hwæt sindan þá. Cri 694ᵇ.

68. Wie die übrigen ags. Dichter, so gebraucht auch Cynewulf den Opt. Prs. sí síe bald ein- bald zweisilbig (S. Beitr. X 477 f. — S. G. 427,1). Die Belege für zweisilbigen Gebrauch sind: þæt þu brýd síe. Cri 280ᵇ; hwæðer his ʒæst síe. Cri 1553ᵇ; somodfæst séon. Cri 1581ª; hwær séo stów síe. El 675ᵇ; hwæt þes þeʒn sý. Jul 280ᵇ. — Als Zeugnisse für einsilbigen Gebrauch dienen 7 b-Halbverse, die bei Annahme von Zweisilbigkeit dem Grundtyp. A mit Auftakt zufallen würden; diese Form ist ja selten; sie findet sich unter den 2706 b-Halbversen, die in meiner metrischen Untersuchung behandelt sind, 41-mal, was 1¹/₂ °/o ausmacht; hier jedoch würden unter 18 Belegen 7 solcher Halbverse vorkommen, oder 39 °/o. Diese Halbverse sind:

þe in héahđum síe. Cri 414ᵇ; þe hér lífes sý. Cri 1323ᵇ;
þý lǽs tóworpen síen. El 430ᵇ; ʒif đú ´fruʒnen síe. El
542ᵇ; þæt đú má ne síe. Èl 817ᵇ; swá þe léofie sý. Jul
88ᵇ; hwæt his æđelu sýn. Jul 286ь.

Da die Überlieferung nicht immer correct ist, so weisen
wir diejenigen Halbverse, für welche das Metrum keine Entscheidung giebt, jedesmal wohl wieder am besten der gebräuchlicheren unter den beiden möglichen Versformen zu.

69. Von der Wurzel bheu (S. G. 427,2) lautet der Ind.
Prs. Pl. wests. — Ps. béođ; north. biđon, bíađ, selten biođon;
R¹. beoþan (biđon) neben béoþ bíoþ (S. G. 427,2 und An-
merkung 3).

In unseren 3 Denkmälern finden wir nur einsilbige Formen überliefert; an allen Belegstellen wären aber metrisch
auch die zweisilbigen Formen denkbar; in einem Falle scheint
sogar Zweisilbigkeit durch das Metrum gefordert zu werden:
þǽr moniʒ béođ. Cri 795; aber der Fehler der Ueberlieferung
steckt hier doch wohl nicht in béođ sondern in moniʒ; für
mich wenigstens unterliegt es keinem Zweifel, dass moniʒe
oder monʒe zu setzen ist, wodurch ja ein correcter Halbvers
zustande kommt.

Die übrigen Formen dieses Verbums sind auf dem ganzen
Gebiete des ags. nur als einsilbige überliefert. Es genügt
deshalb hier zu constatieren, dass diese einsilbigen Formen
in unseren 3 Denkmälern nirgends gegen das Metrum ver-
stossen.

70. Von willan lautet die erste Sg. Ind. und der Sg.
Opt. Prs. im allgemeinen wille; das ws. hat auch Formen
mit einfachem l (S. G. 428 und Anm. 1. 2). Für Cynewulf
erweist das Metrum nur Formen mit ll:

Ind. Prs. Sg. 1: secʒan (biddan, þafian, unnan, lǽran)
wille. El 574ᵇ. 790ᵇ. 814ᵇ. Jul 108ᵇ. 132ᵇ. 192ᵃ. 272ᵃ.
278ᵇ. 647ᵇ. Cri 816ᵇ.

Opt. Prs. Sg. 2: þafjan (habban, breddan) wille. El
608ᵇ. 621ᵇ. Cri 274ᵇ.

Opt. Prs. Sg. 3: déman wille. Jul 707ᵇ. Cri 803ᵇ.

71. Nach S. G. 429 und Anm. 3 sind zweisilbige For-

men von dón im Ps. und R.[1], namentlich aber auch im north., neben einsilbigen in reichem Mass überliefert; während zweisilbige Formen im ws. garnicht vorkommen. Letzteres kann natürlich kein Zufall sein bei der unendlichen Menge von Belegen für dies Verb; solche Formen sind im ws. eben nicht vorhanden gewesen. — Bei Cynewulf finden wir die gleichen Verhältnisse wie in den angl. Prosa-Denkmälern. Ich stelle die beweisenden Fälle hier zusammen. Zweisilbigkeit wird gegen die Ueberlieferung verlangt in dem Halbverse: ac hy tó síđ dóđ. Cri 1568[b]; ferner für den flectierten Inf. in: tó dónne. Cri 1289 (S. Beitr. X 477); während an den beiden Stellen, wo wir den unflectierten Inf. haben, Zweisilbigkeit zwar nicht unmöglich aber doch unwahrscheinlich ist, da wir in der zweiten Halbzeile Typ. A mit Auftakt erhalten würden: ʒedón meahte. El 1159[b]; on his brídels dón. El 1175[b]. — Zweisilbigkeit ist ferner so gut wie gewiss für: ne þu næfre ʒedést. Jul 138[a]; denn ʒedést ist das einzige allitterierende Wort der Halbzeile, und Grundtyp. B mit Allitteration in der zweiten Hebung ist eine in der ags. Poesie nur sehr selten erscheinende Form. — Dagegen ist Zweisilbigkeit wohl als unmöglich zu betrachten in den Halbversen: onʒitaþ hira ʒóddénd. El 359[a]; déađ-firenum fordén. Cri 1207[a]; und Einsilbigkeit ist durchaus gesichert in: synne on fordónum. Cri 995[b]; firenum fordóne. Cri 1104[b]; ʒesihđ þæt fordóne. Cri 1249[b]; ær ʒedénra. Cri 1266[b]. — Wenn wir nun in den erhaltenen ws. Denkmälern zweisilbige Formen nicht vorfinden, so können solche Formen zur Zeit Cynewulfs in diesem Dialekte natürlich erst recht nicht vorhanden gewesen sein, da ja die zweisilbigen Formen die jüngeren sind.

72. Einsilbige Formen von ʒán (S. G. 430) werden für Cynewulf wahrscheinlich gemacht durch: wæs þá lencten áʒán. El 1227[b]; þonne he đá synne bizæđ. Cri 1308[b]. Dagegen genügt die einsilbige Form dem Metrum nicht in: andweard ʒæđ. Cri 1071[b] (S. Beitr. X 477). Obgleich nun im north., im Gegensatz zum ws. und merc., neben den einsilbigen auch einige zweisilbige Formen von

ȝán belegt sind (S. a. a. O), so möchte ich mich der beiden ersten Belege wegen doch lieber für Einsetzung von ȝonȝeð entscheiden, zumal auch dies letztere Verb für Cynewulf an zahlreichen Stellen metrisch gesichert ist: þa wæs áȝanȝen. El 1ᵃ; nú ȝé raþe ȝanȝaþ. El 372ᵇ; ȝé nú hraðe ȝanȝað. El 406ᵇ; ȝeorne (ȝæst, ȝeornor) beȝanȝe. El 1171ᵃ. Jul 110ᵃ. Cri 1582ᵃ. 1693ᵃ; forð biȝonȝest. Jul 121ᵇ; ȝúðe widȝonȝan. Jul 393ᵃ. Überall würden hier die entsprechenden einsilbigen Formen von ȝán gegen das Metrum ¦verstossen. Dagegen wäre, wie bereits früher bemerkt, ȝán vorzuziehen in dem Halbverse: and swá forð ȝonȝende. Cri 426ᵃ.

7ȝ. Bei der Betonung der Composita mit un- herrscht im ags. bekanntlich Schwanken. Ich gebe zum Schluss meiner Abhandlung in alphabetischer Anordnung ein Verzeichnis derjenigen Stellen, für welche wir die Betonung Cynewulfs durch Allitteration und Metrum mit unbedingter Sicherheit erschliessen können.

Die Vorsilbe un- ist unbetont in:

unáseȝendlic. El 466; unáþréotende. Cri 388; unclǽne. Cri 1017 (dasselbe auch mit betontem un-); unȝebletsað. Jul 492; unȝewemmed. Jul 590; untráȝlice. El 410; unwáclice. Jul 50; unwærlic. Jul 193; unweaxen. El 529.

un- ist dagegen betont in:

unbiþyrfe. Jul 97. 217; unbrice. Jul 235; unclǽne. Jul 418 (dasselbe auch mit unbetontem un-); uncúð. El 1102. Cri 1418; undearninȝa. El 405. 620; unforht. Jul 147. 209; unȝelíce. El 1307. Jul 688. Cri 899. 910. 1263. 1363; unȝesǽliȝ. Cri 1216; unȝéara. Jul 124; unholda. Cri 762; unlifȝende. El 879; unmurnlice. Cri 813; unoferswíðed. El 1188; unrǽd. Jul 120; unriht Adj. El 1042. Jul 297; Subst. El 472. Cri 560. 1291; unrím. Jul 43. 172. 469. 625. Cri 569; unrót. Cri 1183. 1408; unsǽliȝ. Jul 450. Cri 1288; unscamiȝ. Jul 552; unscomiende. Cri 1325; unscyldiȝ. El 496; unsnyttro. El 947. Jul 145. 308; un- sófte. El 132; unswéte. Cri 1439; unsýfre. Cri 1232; untwéo. Cri 961; unwilla. Cri 1491.

Die relative Fülle sprachlicher Resultate, welche meine Untersuchungsweise ergeben hat, legt die Vermutung nahe, dass durch eine ähnliche Behandlung der sonst wohl unserem Dichter zugeschriebenen Werke vielleicht neues Material für die Lösung der Verfasserfrage würde gewonnen werden.

Lebenslauf.

Ich, *Philipp Heinrich Franz Frucht*, wurde am 4. September 1861
zu Lüneburg geboren. Meine Schulbildung erhielt ich auf dem Gymnasium
und dem Realgymnasium meiner Vaterstadt. Nachdem ich auf letzterem
Ostern 1881 das Maturitäts-Zeugnis erworben hatte, studierte ich auf
den Universitäten Tübingen, Göttingen und Greifswald germanische und
romanische Philologie. Ich hörte Vorlesungen bei folgenden Herren
Professoren und Dozenten: *Andresen, Baumann, Bechtel, Goedeke, Heyne,
Hohl, Keller, Koeune, Konrath, Koschwitz, Milner, G. E. Müller, W. Müller,
Napier, Pfau, Pietsch, Reifferscheid, Schröder, Spitta, Vollmöller*; ihnen bin
ich zum Teil zu grösstem Dank verpflichtet. Insbesondere muss ich aber
hier Herrn Professor Dr. *Konrath* meinen Dank abstatten, der mich zu
der vorliegenden Arbeit angeregt und auch bei der Correctur der Druck-
bogen in liebenswürdigster Weise unterstützt hat.

Thesen.

I.

Es ist unstatthaft, mit Sievers Beitr. X 451 ff. aus den metrischen Verhältnissen des Bw. zu•schliessen, dass im zweiten Hemistich der ags. Langzeile Grundtypus A mit Auftakt gemieden sei.

II.

Gekreuzte Allitteration in der ags. Langzeile ist nicht als eine besondere Kunstform zu betrachten, sondern beruht auf Zufall.

III.

Die Ansicht, welche Sievers Ags. Gram.² 217 ausspricht, dass anlautende ags. hl hr hn hw vielleicht nur als stimmlose l r n w aufzufassen seien, ist zu bestreiten.